吉《よし》原《わら》噺《ばなし》

蔦屋重三郎が生きた世界

吉原風俗考証

山田順子

徳間書店

まえがき

蔦屋重三郎が生きた吉原

吉原生まれの吉原育ち、人はそれを「吉原者《よしわらもの》」と呼ぶ。現代では考えられないその宿命を背負いながら、世間を驚かすような出版物を次々に世に送り出した版元・蔦屋重三郎《つたやじゅうざぶろう》が生きた吉原とは、どんなところだったのでしょう。

重三郎が生まれた寛延《かんえん》3（1750）年は、江戸中期九代将軍徳川家重の治世で、宝暦《ほうれき》5（1755）年の凶作によって全国で一揆が多発するなど混迷した時代でした。その経済を立て直したのが、家重に抜擢された田沼意次《たぬまおきつぐ》で、西の丸小姓《こしょう》から将軍の御側御用取次《おそばごようとりつぎ》に昇進し、1万石の大名になりました。

家重が逝去し、十代家治の治世になると側用人、さらには明和《めいわ》6（1769）年には老中格にまで出世し、本格的に幕政改革を手掛け、「田沼時代」と呼ばれるようになります。

ちょうど、その頃、吉原の大門《おおもん》に至る五十間道《ごじっけんみち》で、編笠茶屋《あみがさぢゃや》の蔦屋の軒先を借りて貸本屋業を始めていたのが、のちに蔦屋重三郎と呼ばれる青年でした。

重三郎の詳細な出生の事情は後世に伝えられていませんが、寛延3（1750）年正月7日に、父丸山重助と母廣瀬津与の間に生まれながらも、七歳のときに親に捨てられ、吉原の引手茶屋《ひきてぢゃや》を経営する喜多川氏の養子になりました。

そして、確かなことは二十歳の頃には、五十間道で茶屋を営《いとな》む義兄の蔦屋次郎兵衛の軒先を借りて本の小売りと貸本業を営《いとな》んでいたということくらいです。当時の貸本は店舗で営業するというよりも、何冊かの貸本を風呂敷に包み、得意先を廻るというもので、ほぼ行商に近い形の生業でした。たぶん「蔦重」と呼ばれるようになったのはこの頃からでしょうか。

蔦重にとって主な営業先は、吉原の女郎屋《じょろうや》でした。この時代、吉原には3000人くらいの女郎がいて、そのほとんどが読み書きをできたというのです。庶民の識字率が50％くらいの時代、吉原の識字率はある事情からとても高かったのです。その理由はあとでお話しするとして、蔦重にとっては、遣《や》り甲斐《がい》のある商売だったことでしょう。もちろん女郎相手の商売ですから、いろいろな雑念も沸《わ》いてくると思いますが、蔦重は客観的に女郎や吉原を見ていたようです。その証拠がのちに蔦重が出版する数々の吉原に関する本です。

安永《あんえい》3（1774）年春、二十五歳になった蔦重は吉原の「細見改《さいけんあらため》」として、初めて出版物に名前を出します。細見改というのは、吉原のガイドブックと言われる「吉原細見」に掲載する店舗名や女郎名を取材して、改訂のとき校正する仕事です。

そして、同年には女郎の気質を草木に例えた『一目千本《ひとめせんぼん》』という女郎評判記を非売品ながら出版し、奥付に「書肆（本屋）新吉原五十軒　蔦屋重三郎」として掲載しているのです。

安永7（1778）年春、蔦重が二十九歳のとき、それまでの蔦屋次郎兵衛の茶屋から独立して、同じ五十間道の四軒日本堤よりに本屋「耕書堂《こうしょどう》」の店舗を開き、本格的な出版業を始めます。

そして、天明《てんめい》3（1783）年7月に浅間山が噴火し、江戸の町にも火山灰が降り、全国で飢饉が発生する中、蔦重は日本橋通油町《とおりあぶらちょう》に本格的な本屋を開店します。五十間道の店は残しましたが、これで「吉原の本屋」と呼ばれた耕書堂は「江戸の本屋」と呼ばれることになるのです。

この本では蔦重が見たり聞いたり、経験したであろう吉原の噺を、時代考証という立場で再現して、読者に届けたいと思っています。

そのため、蔦重が見聞きしなかった時代のことは注釈として書き留める程度にしたことをあらかじめお断りしておきます。

2024年12月

時代考証家　山田順子

吉原噺 蔦屋重三郎が生きた世界 目次

吉原嘶 弐

吉原とは何か

参 吉原噺

「吉原細見」の中身 086

肆 吉原噺

吉原の内部を探索

陸 吉原噺

吉原の風景
～吉原歳時記

174

付章 吉原噺

江戸での出来事

蔦屋重三郎年譜と吉原事件簿

参考文献

【巻末収録】安永4年の吉原全図

※作中には、差別的・不適切な表現が当時の表現のまま記されている場合がありますが、差別的意識を容認したものではなく、歴史的資料として残しています。

吉原噺

壱

蔦屋重三郎が案内する吉原のあそび方

三者三様の吉原あそび お大尽の巻

三者三様の吉原あそび 勤番侍の巻

三者三様の吉原あそび 熊さん八さんの巻

本章では江戸の人になったつもりで、蔦重に吉原の楽しみ方を教えてもらいましょう。

まず、五十間道にある編笠茶屋の蔦屋に寄ります。運がよければ、蔦屋の主・義兄の次郎兵衛さんにも会えるかもしれません。ここで、お茶を飲みながら、そこで売っている最新版の吉原細見を買い、今評判の女郎は誰かなどを聞き出します。細見には揚代も書いてありますから、懐具合をここで確認します。

しかし、吉原の落とし穴は、揚代以外にもなにかと祝儀がかかるし、料理も破格の値段がする場合もあります。だから、蔦重にはその辺のこともよく聞いておきましょう。ただし、蔦重は生まれも育ちも吉原という根っからの吉原者ですから、知り合いの引手茶屋や女郎屋も多く、その辺のことは教えてくれるかどうか。

とはいえ、いろいろな噺は知っているようなので、典型的な三人三様の噺を語ってもらいます。

三者三様の吉原あそび

お大尽《だいじん》の巻

◆初会

越後から江戸に米搗《こめつ》きの出稼ぎに来て、臼《うす》一つから始めて、今は両国で唐臼十基を据えた搗米屋になった。その間、遊びの一つもしないで、商いに励み、女房も周りの進めるままに、米問屋の娘をもらい、子もできた。

しかし、不惑を前にして、このままでいいのかという物足りなさがふっとおき、人が極楽だという吉原を一度見たくなった。

行きつけの湯屋の主人に聞くと、とりあえずは、吉原大門前の五十間道《ごじっけんみち》に蔦屋という茶屋があるので、そこに行って、重三郎、通称蔦重《つなじゅう》という男に聞けば、いろいろと指南してくれるという。

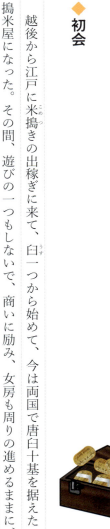

それではというので、湯屋で聞いたとおり、懐《ふところ》に十両の金を入れて、吉原に向かった。

両国から蔵前の通りをまっすぐに進むと、浅草寺《せんそうじ》にぶつかるので、今夜の首尾をお願いして、境内《けいだい》を抜けて馬道を進むと日本堤《にほんづつみ》に出た。さらに土手を進むと、左手の一段下がったところに、家並みが見えてきて、一本だけ植わっている見返り柳を目印に衣紋坂《えもんざか》を下がり始めると、途中から軒先に編笠をぶらさげた茶屋が並んでいる。これが編笠茶屋《あみがさぢゃや》だ。

確かに蔦屋は左奥から四軒目にあった。表に本を並べているところを見ると、引手だけでなく、吉原細見なども売っているのかなと思い、声をかけると、中から一人の若い男が出てきた。

「重三郎さんはいるかい」

と聞くと、

「へぇ、手前が蔦屋重三郎でございます。何か御用で」

そこで、湯屋の主人から紹介されたというと、

にっこり笑って、

「まずはこれを」

と言って、真新しい細見を渡された。そして、その読み方を教わったのだが、女郎屋と女郎の名前が何丁にも渡って並んでいるため、いったい全体、どう選んだらいいかわからない。

そこで、

「今評判の女郎は誰だい」

と直接蔦屋に聞くと、

「そうですね。揚代のこともありますからね」

と、私の懐具合を計っているようだ。

「大丈夫、今日は一世一代の贅沢《ぜいたく》をしようと思っているので、心配はいらない」

そう答えると、

「ではご案内しますが、まだ刻限が少し早いようなので、ここで茶でも飲んでいってください」

と言って、茶を出してくれ、先ほどの細見を見ながら、吉原の遊ぶ心得をさらっと教えてくれた。そのうちに浅草の時の鐘が暮六ツ（18時）を打ったので。茶代を払って、ついでに細見も買って店を出た。

蔦屋を出ると、五十間道には人が増えていた。一人で訳知り顔に行く男、二人連れなのか大声で話しながら行く男、中には山谷の船宿の女将《おかみ》らしき女に案内されている男もいる。とにかく、客は男ばかり。

五十間道の目と鼻の先には大門《おおもん》がある。

門を潜《くぐ》ると、仲の町の通りが真っ直ぐに伸びており、左右に二階建ての引手茶屋《ひきてぢゃや》が並んでいた。一階の表には床几台《しょうぎだい》を出し、それを覆《おお》うように青竹の色が鮮やかな簾《すだれ》がかかっているのは皆同じ。二階の軒先には揃いの華やかな柄の入った提灯《ちょうちん》が並んでいる。そして、どの茶屋にも室内の行灯《あんどん》の明かりが灯《とも》り、これが不夜城かと驚くばかり。

どうやら通りの突き当たりまで、この引手茶屋が並んでいるようだが、道の真ん中にかすかに常夜灯が見えている。

そんなことを思って歩いていると、「ここにございます」と半ば強引に引き入れられたのが、通りの右側の駿河屋という立派な茶屋だった。馴染みの見世《みせ》らしく、

「ではよろしく」

とだけ言って、蔦重が帰ろうとするので、

「約束が違う」

と言うと、

「大丈夫です。引手茶屋は万事お客様の望みを聞いて差配してくれますので、なんでもおっしゃってください。ご心配はいりません」

と言って帰ってしまった。どうやら、五十間道の編笠茶屋は、ここまでの案内が仕事なのだろう。

駿河屋に上がると、ま

雛形若菜の初模様 松葉屋内の松の井 磯田湖龍斎画

ず一階の通りが見える座敷に通され、すかさず女将と名乗る中年の女が、挨拶に出てきて、

「お客様のお望みの女郎《じゅろう》は？」

と聞くので、先ほど五十間道の茶屋で買った細見を出して、

「この松葉屋の松の井だ」

と言うと、少し困った顔をして、「松の井は呼出しですので、ここまでお客様をお迎えに参ります。少しお待ちいただくことになります。その間、座敷で酒肴などをお楽しみいただくことになりますが」

女将が私の懐具合を計っているなと思ったので、少なくても二〜三両（20万円〜30万円）、大尽遊びがしたかったら、十両（100万円）は持っていかないと恥をかくと聞いていたので、清水の舞台から飛び降りる覚悟で十両を懐に入れてきていた。しかも、初めての茶屋では、その金を預けて信用させるのが肝要とも教わっていた。

そこで、女将に
「吉原は初めてなので、ここに十両の金を持参した。よしなに頼む」

と言って、紙入れごと差し出すと、女将は満面の笑みを浮かべ、紙入れの中を確認して
「万事お任せください」

といって、その紙入れを持って、内所《ないしょ》のほうに行き、若衆に何やら言葉をかけて、金を銭箱にしまい、代わりに帳面をもってきて、私の名前と住所を書き留めるように言った。廓《くるわ》で

本名かとも思ったのだが、蔦重曰く、「名前と住所は嘘でもいいが、もし何かあったとき、もめるもとなので、一応正直に書いておいたほうがいい」とのことだった。もちろん、他に漏《も》らすことは絶対ないというので、預けた金額の横に書いた。

奥のほうから、盃と銚子がのった膳と、硯蓋《すずりぶた》という長方形の盆に酒のつまみになるような料理がのったもの、そして吸物椀がのった膳が運ばれてきた。女将の酌で一杯目を飲む頃には、女芸者と男芸者がやってきて、三味線の演奏に合わせて、男芸者が芸を始めた。頼んだ覚えはないのだが、女将は当然という顔をしているので、任すことにした。

男芸者の巧みな芸や女芸者の優雅な舞を見ているうちに時の経《た》つのも忘れ、すっか

仲の町 花魁道中と引手茶屋の客

り酔いが回った五ツ頃（20時）に、
「松の井花魁《おいらん》が参られました」
と声がかかり、茶屋の前には花魁が箱提灯を持った若衆を先頭に、傘持ちの若衆・禿《かむろ》・振袖新造・番頭新造・遣手婆《やりてばば》、総勢八人を従えた花魁が立っていた。女郎屋から引手茶屋まで客を迎えに来るために「花魁道中」をするということは知っていたが、いざ自分のための行列だと思うと、心が躍る。

しかも、これから女郎屋に向かっていく帰路には、一緒に行列に並ぶというのだから、照れくさくて恥ずかしいことこのうえないが、せっかくの機会なので、従うことにする。なにせ十両も出しているのだから、本当はみんなに自慢したいのが本音である。誰か知り合いに会ったら、困るなとは思うのだが、不思議と吉原で知り合いに会ったという話は聞かない。なぜなら、そのときお前も吉原にいたのかと、余計な詮索をされるからであろう。

少し、床几台で休んだ花魁が立ち上がり、再び花魁道中が始まる。花魁が外八文字で優雅にゆっくり歩くので、なかなか進まず、初めのうちは歩調を合わせていたのだが、酔っているせいか、我慢できなくなり、つい先に歩いてしまう。それを男芸者がはやしたてながら調子を合わせてくれる。それでも花魁は通りを歩いている客や、他の茶屋から見ている客に見せつけるように、同じ遅さでゆっくり歩いて行く。

仲の町の通りから、右手に曲がって、木戸門を潜ると、そこは江戸町一丁目という間口の広い大籬《おおまがき》と呼ばれる女郎屋が並んでいる通りに入ってきた。

松葉屋の前で、行列が止まると、中から若衆が出て来て、私を暖簾《のれん》の中に案内してくれ、そのまま大階段を上がって二階の引《ひき》付《つけ》座敷という立派な部屋に通された。

花魁やお供の禿たちは一旦下がって、改めて出てくるというので待つことにする。

座敷の床の間を背負った上座を花魁のためにあけて、私は違い棚のある床脇の前に案内された。吉原ではとにかく花魁が一番偉いというしきたりだそうで、万事心得ておくようにと蔦重が話していたのを思い出した。

待っている間、煙草盆、盃と銚子がのった膳、酒の肴がのった硯蓋、そして吸物椀が出てきた。そして、女郎屋の主人が挨拶

『青楼年中行事』仲の町花盛之図 歌麿画

に出てきたのだが、これが噂の「仁義礼智忠信孝悌」を忘れた忘八《ぼうはち》かと見ていると、絵に描いたような笑顔で、挨拶をしてくる。まあ、私も含めて商人とはこんなものよと思いながら、適当に挨拶を返していたら、若衆が「きのじやの台の物でございます」と言って、廊下から文机かと思うほどの大きな台の上に、盆栽仕立ての松と、紙細工の竹や梅、水引細工の鶴亀がのった蓬莱台《ほうらいだい》が、座敷の真ん中に運びこまれた。さらに、大皿に盛った料理が次々に運び込まれ、一人ではこんなにたくさん食べ切れないし、第一こんなに多く頼んでいないと言おうとする前に、男芸者が、

「縁起物ですから」

と、これもしきたりだと言わんばかりに口を挟む。ではひと口と思って手を出したら、なんと硬くてまずいこと。なるほど、これが噂のきのじやの料理かと納得。

その頃には、男芸者が踊りだし、そこに今度は女郎屋にいる女芸者も出てきて、賑《にぎ》やかな宴会になった。

かれこれ五ツの下刻（21時）を過ぎた頃、やっと座敷に花魁が禿・振袖新造・番頭新造を引き連れて来てくれた。

あけておいた座に、花魁が座り、その左右に禿が座って酌をしてくれる。これでは花魁と話をするにも遠いし、酌もしてもらえないではないか、と思ったのだが、重三郎が、

「初会の客には花魁は口をきかないのが、吉原のしきたりです。二回目の裏を返したとき、

初めて口をきいてもらえます。そして、その先は三回目以降で馴染みになったときです。ですから焦らないように」

と忠告されていたことを思いだし、やはり吉原はしきたりばかりで面倒だとは思ったが、横に座っている花魁の横顔を見ると、まあいいか、近いうちにまた来ようと思ってしまうのは男心だろうか。

座が落ち着くと、では「引付の式」と声がかかり、私の前に、盃台にのせた盃が置かれ、初会限定の盃事が始まった。これは、客と女郎がかりそめの夫婦になるという約束事で、籬《まがき》のある見世では、必ずやる儀式のようだ。若衆が酌をしてくれるが、客も花魁も飲んだふりをして飲まないのがしきたりだそうだ。これでは何の盃かわからないが、私にも女房がいるので、あくまでかりそめの仲。

盃事が終わると、花魁は立ち上がり、挨拶なく禿を引き連れて座敷を出て行った。

残った振袖新造や番頭新造、それに芸者たちが私を慰《なぐさ》めるように話しかけたり、唄を歌ってくれるのだが、肝心要の花魁が引っ込んでしまったのだから、あとは退屈で仕方がない。

浅草の鐘が四ツ（22時）を打ったのが聞こえると、若衆が入ってきて、

「ちっと片付けましょう」

というので、私はまだ続きがあるのかと思い、この間に便所にいくことにしたのだが、座敷に戻ってくると、座敷はきれいに片付けられて、布団まで敷かれている。それまで大騒ぎ

をしていた男芸者や女芸者たちが、次の間に並んで座って、私の顔を見ると、両手をついて「ご機嫌よう」「ご機嫌よう」と言って、去っていった。

最後に残ったのは、振袖新造が一人で、

「ちっとお休みなんし」

と言って、簪《かんざし》の先で、行灯の火を小さくして、これも出ていった。

もちろん、初会なので、花魁が来るはずもなく、悶々として夜を過ごすことになる。他の座敷での三味の音や男芸者の大声は聞こえなくなったが、遊女と客の話声が聞こえてくる。

それからしばらくすると、拍子木の音が聞こえてきたが、これは九ツ（24時）の大引け知らせるもので、店の大戸を降ろす音や、格子のうちに戸を建てる音が聞こえてきた。

酒のせいか、初会の緊張からか、そのまま眠りに落ちてしまった。

「お客様、朝でございます。もう六ツ時（朝6時）です」

と襖《ふすま》の向こうから男の声が聞こえてきた。

「もう、朝か」

と起きると、禿が盆の上に、歯磨粉と房楊枝、そして口を漱《すす》ぐ水と顔を洗う水を持って来て、側に置き、次に漱いだ水を捨てる角盥《つのだらい》をおいて出て行った。支度がすむと、再び引手茶屋の若衆が、

「お迎えに参りました。茶屋のほうで粥など召し上がってください」

というので、女郎屋をあとにすることにした。入口では馴染みの客を送り出す女郎もいて、うらやましい限りだと思ったら、女郎屋から引手茶屋の駿河屋までの間にも何組かの客と女郎の姿があり、ただただ昨夜のことがむなしくなってしまった。

駿河屋では、日頃我が家では食べたこともないほどの美味しい粥が出て、腹のほうは満足したのだが、駿河屋の女将が、

「昨夜の花魁の揚代を含む料理・芸者等諸々の掛かりを勘定した結果、ちょうど十両でございます」

と言う。

「確かに持ち金は十両だと言ったが、ぴったりというのはいかがなものか」

と言うと、

「だから、十両を超えないように、いろいろ工面しました」

と言い返えされてしまった。

仕方がないので、帰りは駕籠《かご》か船で帰ろうと思ったのだが、歩いて帰ることになった。

これで、懲りたかというと、また来たいと思わせるのが吉原で、ぜひ松の井花魁と添え遂げたいという気になってしまった。

◆二回目

数日後、私は再び、懐に二十両入れて、吉原を目指した。昨日、両国の店に、知らない男名前の手紙が届き、不審に思って開けて見ると、中は松葉屋の松の井からの手紙だった。見事な筆さばきで書かれた手紙は、私のことを気遣い、昨日のことへの感謝の言葉でつづられていた。そして、『明日は紋日《もんび》なので、ぜひ来てほしい。こんな日に来てくれる主さんこそ、まことに愛《いと》おしい人でありんす』と書いてあるのだ。

細見を開いてみると、毎月多くの紋日が並んでいて、今日は確かに紋日である。今朝、いつも行く髪結い床で、常連の御隠居に聞くと、紋日は女郎の揚げ代が二倍になる日だという。さらに二度目で裏を返すときは、なにかと祝儀がいるので、初会より多めに金を持って行ったほうがいいとも教えてくれた。というわけで、懐には前回の二倍ほどが入っている。

今回も五十間道の蔦屋に顔を出すと、蔦重がいて、二回目の裏を返すについての指南をいろいろしてくれた。

「もう女郎屋とは馴染みになったので、何かと金の掛かる引手茶屋を通さず、直接松葉屋に行こうと思う」

と言うと、蔦重は、

「とんでもない。呼出しの松の井は、引手茶屋を通さないと座敷に来てくれません。吉原は引手茶屋と女郎屋が持ちつ持たれつで成り立っている廓なのです」

と教えてくれた。相変わらず面倒くさいしきたりだなと思いながらも、お大尽に見てもらいたい一心で、大門を潜って、まっすぐに駿河屋に向かった。

駿河屋に着くと、また女将が満面の笑顔で出迎えてくれ、また、懐の紙入れを渡すと、その重さを計ったのか、今度は私の希望などまったく聞かず、

「万事お任せください」

と言い、若衆をどこかに走らせた。

今回は二階の座敷に通された。通り側なので、仲の町の通りが見渡せる。通りを行き交う人々の話声の間から、三味線のいろいろな調べが聞こえてくる。どうやら女郎屋の通りから聞こえるようで、一軒二軒ではないようだ。前回は緊張していたからか、気が付かなかった。

そこで、女将に

「あの三味線の音は」

と聞くと、

「あれは清掻《すががき》といって、張見世が始まる合図です」

という。前回は花魁道中に付いていきなり女郎屋に行ったので、張見世の女郎たちの顔を拝むのを忘れていた。折角なので、今日こそは、覗《のぞ》いてやろうと思っていたら、また先日と同じように、八寸ののった膳と盃が運ばれてきて、男芸者と女芸者もやってきて、また同じ

ような芸をしている。まあ、これも通らなければいけない関門らしいので、それなりに楽しんでいると、通りのほうから、

「松の井花魁が参られました」

という若衆の声がした。今回は前回より早いので、わざわざ手紙をくれたぐらいだから、松の井も私に早く会いたがっているのだろう。転がるように階段を下りると、また床几台に腰をおろして、今回は煙草を吸っている。その姿がまた優雅で色気があるのだ。

「花魁に手紙をもらったので、矢も楯も居られずきました」

と言うと、黙って吸っていた煙草の煙管の吸い口を私に方に向けた。戸惑っている私に禿が、

「花魁が主さんに煙草を進めておりんす。お受けなんし」

というので、有難く一服頂戴した。その煙草のうまいこと。かなり上等な煙草のようだ。すると、花魁が立ち上がり、また行列を組んで、外八文字で女郎屋方向に動き出す。すると茶屋の若衆が、

「よかったら、松葉屋に先に行ってお待ちになりませんか」

と言ってくれたので、密かに列を外れ、江戸町一丁目の通りに入った。

そこにはすでに中から明かりが漏れている張り見世が並んでいる。折角だから今回は張り見世も覗こうと、一番人だかりのする見世の格子の間を覗くと、若い女郎たちが並んでいる。

一人ひとり見ていると、中に好みの女がいるので、若衆につい
「今度はあの娘にしよう」

というと、

「とんでもない。そんなことをしたら、花魁に折檻されますよ」

と脅かしてくるので、もったいないがそのまま通り過ぎた。

松葉屋に着くと、前回同様二階の座敷に通された。すると、若衆の頭のような男が、菓子や押し鮨を乗せた膳を持って来て、

「この度は裏祝儀をいただきましてありがとうございます」

と深々と頭を降ろす。祝儀をあげた覚えはないのだが、どうやら女将が、私名義で渡したらしい。

また、前回と同じようにきのじやの台の物が運び込まれ、これから男芸者と女芸者の芸が始まるのかと思ったところに、若衆の
「花魁が参られました」

の声とともに、松の井が座敷に入ってきて、あけてあった床の間の前に座り、

「ようきなんした」

と初めて花魁の声を聴くことができたのである。

さて、今日はどんな仕儀になるのか、楽しみにしていたら、禿が盃を進めてくれて、銚子

で酒を注いでくれる。続いて、花魁が吸い付けた煙管を渡してくれて、今度はゆっくり味わうことができた。折角だから花魁に、

「私の盃を受けてくれるか」

と言うと、禿がこましゃくれた顔で、

「花魁は酒を飲まれません」

と言うではないか。まあ、夜の床に触るからなのかなと思っていたら、襖の向こうから、花魁を呼ぶ遣手婆の声がすると、花魁は立ち上がり、禿を連れて黙って出て行ってしまった。

その後はまた男芸者や女芸者が宴会芸を披露してくれるだけで、花魁は戻ってこない。

さすがに、腹が立ってきたので、若衆を呼んで、

「花魁はどうなっているのか」

と苦情を言うと、

「今日は紋日で馴染みのお客様もお出でになっているので、少しの御暇をいただいています。今しばらくお待ち願います」

と、申し訳そうな顔をして頭を下げる。

とうとう四ツの鐘が聞こえて来たので、前回どおり若衆が、

「ちっと片付けましょう」

と入ってきて、手早く膳を下げ、布団を引き出したので、男芸者や女芸者はまた丁寧な挨

拶をして帰ってしまった。

しかし、今日は紋日で揚代も二倍払っているのだから、何かあってもよいのではないかと、布団の上に胡坐《あぐら》をかいて煙草を吸っていると、振袖新造が入ってきて、

「花魁から主さんのお相手をするようにと言い使って来んした」

と部屋の端に座った。おおこれは有難い、花魁もいいが若い娘もいいなと思い、私のほうから近づいて、布団に誘おうと思ったのだが、

「わちきは、名代でありんす。お相手はお話だけと言われておりんす」

と言って頑として動かない。

仕方がないので、その振袖新造の生い立ちなどを聞いているうちに、また私は眠ってしまったようで、明け六ツを知らせる鐘の音とともに、若衆の声で目をさました。部屋には名代の振袖新造もおらず、なにか夢を見たようだ。

引手茶屋で粥を食べていると、女将が、

「今回もお預かりした金子でなんとか収まりました」

と言いながら、空の紙入れを戻してきた。呆れながら、とぼとぼ五十間道に戻ってきたら、蔦重が店の前で掃除をしていた。そこで、昨夜の話をしたら、

「二回目まではどうせ女郎と寝られないので、泊まらないのが通の遊び方ですよ」

というではないか。おかげで、いらない散財をしたではないかと言ったら、

「それが吉原ですよ」

と笑われてしまった。

◆三回目

今朝も髪結い床で、月代《さかやき》を剃って髪を結っていたら、また御隠居を真ん中に吉原の噂話をしていたので、素知らぬふりをして、

「花魁は一度くらいでは寝ないというのは、本当ですか」

と聞いてみたら、御隠居は、

「当たり前よ。それが岡場所の女郎とは違う、吉原の花魁というものよ。三回行って、やっと馴染みになれるというものだ。ただし、近頃は吉原も不景気だから、座敷持や部屋持なら、初会から寝てくれるらしいよ」

と言って、にやりとした。

そうか折角の吉原と思って、最上級の呼び出しを指名したため、二回も袖にされたわけか。じゃあと一回で馴染みになれるんだから、もうひと踏ん張りだ。

そう思ったら矢も楯もたまらず、今度は三十両を懐に吉原を目指した。

刻限も早いので、五十間道の蔦屋によると、あいにく蔦重はまだ貸本の商いに出ているの

で、義兄の次郎兵衛が相手をしてくれた。

「へえ、今日は三回目ですか。それなら、それなりの支度もあるでしょうから、知らせを出しておきましょう」

と言って、小僧を門内に走らせた。

次郎兵衛は芸事に詳しいようで、いろいろ話してくれるのだが、商売一筋だった私には何が面白いのか、さっぱりわからない。

やっと空が暮れてきた頃、蔦重も帰ってきたので、

「なぜ、呼び出しは三回行かなければ、添い遂げられないと、教えてくれなかった」

と文句を言うと、

「ならば、今から他の女郎屋の座敷持にでもしますか。まだ馴染みになっていないので、待ち伏せされることもありませんよ」

と言うではないか。

「せっかくあと一歩というところまで来て、他に移ったのでは、今までつぎ込んだ金はどうなるんだ」

と言うと、

「でも十分に楽しまれたんでしょ」

と言い返し、挙句に

「洒落本をお読みになったことがなかったんですか。今度はお読みになってからお出でになるとよござんすよ」

と言うではないか、さすが、貸本屋の言いそうなことだ。

さらに長居をして、二杯目の茶代を払うのも馬鹿らしかったので、暮れ六ツ前に大門を潜った。まだ客通りは少なく、引手茶屋の行灯や提灯もまばらだ。仲の町の通りを駿河屋の若衆に見つからないように、足早に抜けて、一番奥の秋葉権現《あきばごんげ》の常夜燈まで来た。ここまで道の両側にはほぼ同じ造りの引手茶屋が並び、中には同じ屋号の店もあり、暖簾を確認しないと間違いそうだ。よくもこれだけの引手茶屋が商売できているのだから、客からどれだけ絞り取っているのだろうと段々恐ろしくなってきた。

ちょうど暮れ六ツの鐘が鳴り、行灯や提灯の明かりが点《つ》いたので、駿河屋に入った。今回は知らせていたせいか、いつも世話をしてくれる若衆が見世の表で待っていた。

「へえ、お待ちしておりました」

といつも以上に丁寧な挨拶をして、暖簾を跳ね上げてくれた。するとそこには、女将が待っていて、

「さあ、二階へ」

と先頭になって上がっていく。なんかいつもより扱いが丁寧である。

通された座敷はいつもより広い座敷で、すでに煙草盆などが用意されていた。いつも通り

女将に懐の金を渡すと、

「今宵《こよい》は馴染みの席でございますので、馴染み金や二階花などの祝儀が諸々ありますので、もしかすると足りなくなるかもしれません。そのときはどういたしましょう」

と聞いてくる。三十両でも足りないとはどういうことだと思いながらも、まさか倍を言うことはないと思い、

「では足りない分は、店まで取りに来てくれ」

と言うと、

「では明日お帰りのときに、お供させます」

と言う。これが名高い「付馬か」と思いながら、今夜はやっと思いが遂げられるのだから、少しのことは気にならない。

すると、入れ替わりに、男芸者や女芸者、きのじやの台の物が運びこまれて、座は一気に盛り上がる。そこへ貫禄のある男が入ってきて
「茶屋の主・駿河屋市右衛門にございます。本日はご祝儀を頂戴しまして、ありがとうございます」

と丁寧なお辞儀をすると、続いて男芸者も女芸者も、

「おめでとうございます」

とお辞儀をした。女郎屋で馴染み金がいるとは聞いていたが、引手茶屋にも払うのか。こ

こで、払う気がないとは言えないので、

「いつも世話をかけるね」

と太っ腹を見せないと、この後、肝心な花魁に嫌われると困るので、ここは笑っておこう。

その頃になって、やっと
「松の井花魁が参られました」

という声と共に、すでに二階の廊下まで来ているではないか。あけてあった上座に座り、今日は私の顔を見てにっこりして、

「ようおきんなんした。今宵をどれほどお待ちしていたことか。うれしゅうありんす」

と言うではないか。今までほとんど口をきかなかった花魁がこんなにしゃべるとは。それだけで、天にも舞い上がるような気持ちなり、禿が注ぐ酒をぐいぐい飲んでしまった。前回同様、花魁の吸いさしの煙草を吸い、心持ちがよくなった頃、

「では、ご出立つ」

と言うので、引手茶屋から女郎屋への道中が始まった。今日はぜひ世間に誇りたいので、花魁一行の後ろに付いて歩くことにしたが、それにしてもゆっくりなのにはまいる。

松葉屋の大階段を登ると、いつもの座敷ではなく、華やかな女物の道具が飾られた部屋に通された。どうやら、松の井の座敷のようである。本間に続いて次の間、さらに控えの間と続いているようで、控えの間には三枚重ねの布団が積んであり、上には枕が二つ並んでいる

のが見える。さすが呼出しともなると、部屋の数も違うものだと驚いていると、女郎屋の主人、松葉屋半左衛門が、

「おめでとうございます。この度はご祝儀をいただきましてありがとうございます。花魁もさぞや喜んでいることでしょう」

と、どうやら馴染み金を出したことへの礼らしい。すると、今度は若衆がまたもや菓子と押し鮨ののった膳を持ち込んで、

「ご祝儀をいただきまして、ありがとうございます」

と口上を述べると、男芸者、女芸者、そして座に付いた振袖新造、番頭新造、遣手まで

「おめでとうございます」

と言う始末で、どうやら花魁周りの者全員に馴染み金を出したようだ。あとでこれを聞くと「二階花」という祝儀だそうだ。

そんな挨拶が落ち着いた頃、「松の井花魁が参られました」との掛け声で、襖が開いて花魁が入ってきた。今度は大きな引付座敷ではないので、私と花魁の座は近くなり、禿が間に座っているが、なんとか手を伸ばすと、届きそうな間。

「伊様、三度のお越し、うれしゅうありんす。今宵はゆるゆるとお過ごしくだしんす」

と、今まで、客人呼ばわりしていたのが、急に愛称で呼ばれ、これで二人の間は近くなったと思ったところに、盃と酒の肴がのった膳が運ばれてきたのだが、いつもは白木の箸だっ

たのが、象牙の箸に変わり、箸袋に私の名前が書かれている。

それを機に禿、振袖新造をはじめ座にいる者たちがみんな私のことを、

「伊様」

と親しげに呼ぶようになり、なにか親密な仲になったような気がしてきた。

そこにきのじ屋の台の物が運ばれてきて、いつものように宴《うたげ》が始まったのだが、花魁がいま一つ笑い顔を見せない、こちらも三回目なのでもう少し話をしたいなと思うのだが、目が笑っていない。

すると、男芸者が、

「伊様、この辺で紙花の一つでも撒《ま》きませんか。花魁もお喜びになると思うのですが」

と提案してきた。さあ、いよいよ来たぞ。蔦重に聞いていた紙花か。ここでケチなことをして、花魁に嫌われても困るので、若衆に言って、内所から紙花用の懐紙を届けてもらった。

さて、紙花は一枚が金一分（2万5千円）の価値があるので、心して撒かないと、あとで大変なことになる。しかし、巻き始めたら、座敷にいる者はみんな一枚でも多く拾おうと大騒ぎ。まるで紀伊国屋文左衛門になったような気分だ。そんなときも花魁は軽く微笑むだけで、自らは拾おうとしない。

これで少しは和《なご》んでもらえたかと思ったが、まだ足りないようだ。そこで若衆に言って内所から追加を持ってこさせ、とうとう廊下に出て、階段下まで撒いてしまった。

そのとき、花魁の部屋から笑い声が聞こえてきた。ふと我に返ってふり向くと、松の井花魁が笑っていた。同時に、どれだけの紙を撒いたのかを思い、恐ろしくなった。

座敷に戻ると、今まで騒いでいた者たちも座に戻り、女芸者の三味線の音で、心を静めているようだ。

四ツの鐘が鳴り、いつもなら引き上げる女芸者や男芸者もそのまま芸を続けているし、私まで引っ張り出して、踊りの相方を務めさせている。禿も盛んに酒を進めるので、すっかり酩酊してしまった。

たぶん九ツの頃だと思うのだが、若衆が来て、「ちっと片付けましょう」

と言い、膳を片付け始めると、振袖新造が私を便所まで案内してくれ、手水を使わせてくれた。

松葉屋「青楼美人合姿鏡」安永5年

そして、部屋に戻ると、今度こそ花魁の部屋に三枚重ねの布団が敷かれ、枕が二つのっている。

「花魁は」

と聞くと、

「控えの間で着替えをしておりんす」

と言って、私の着物を脱がせ、襦袢姿にして敷布団の上に座らせると、部屋を出て行った。いよいよ今夜こそと、胸が高まるのを抑えていたら、急に眠気がして、身体がぐらぐらしてきて、どうしても我慢できず、横になってしまった。まあ、そのうち花魁が来たら、起こしてくれるだろうと思い、つい寝てしまったようだ。

「伊様、起きてくんなまし」

という声で、

飛び起きたら、

「伊様、朝でありんす。茶屋のお迎えも来ておりんす。さあ、お支度を」

と、襦袢姿の花魁が、房楊枝に歯磨粉を付けて渡してくれた。なんと私はあのまま寝てしまったようで、花魁と床を一緒にした覚えがない。

「花魁、薄情じゃないか。横に来たら、起こしてくれればいいものを」

と言うと、

1775（安永４）年秋 吉原細見『籬の花』に掲載された松葉屋

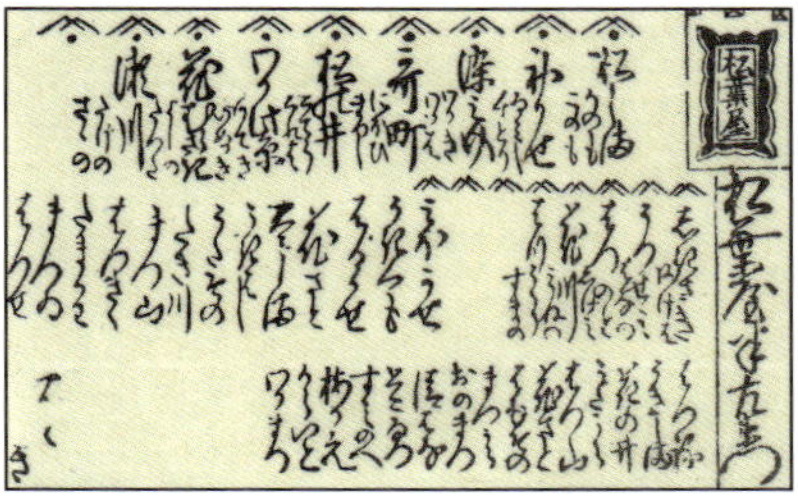

松葉屋半左衛門

呼出 松しま
かのも
このも

呼出 はつかぜ
なミじ
ちどり

呼出 染之助
ワかき
ワかば

呼出 哥町
あほひ
まつし

呼出 松の井
こなは
こてう

呼出 ワか紫
あてき
いぬき

呼出 花むらさき
よしの
たつた

呼出 瀬川
たけの
さゝの

座敷持 志起さき
座敷持 うつせみ
座敷持 はつのと
座敷持 はなかわ
座敷持 はつうら
座敷持 みほかぜ

あげは
はるの
志けミ
うねの
すまの
うきくも
はるかぜ
花さと
豊しま
うきはし
うたその
たき川
まつ山
はつきく
たまかわ
まつゐ
はつせ

はつね
うきしま
花の井
うたうら
はつ山
はなその
まつうら
おのまつ
清はな
とこなつ
すミのへ
梅かえ
からいと
わかまつ

やり手 まさ

「あれ、何度も起こしんしたえ。でも伊様は、眠い眠らせてくれと言いんすから、仕方なく諦めんした」

と言い出す始末。今さら、言い合ってもあとの祭り。仕方なく歯を磨き、顔を洗って、着物を着て、大階段を下りて行くと、花魁も襦袢の上に、小袖を羽織り、戸口まで送りにきた。

「また、近いうちのお越しを待っておりんす」

と言って見送ってくれたが、腹の中は煮えくりかえっている。しかし、わが身のだらしなさで、水をかけてしまい、なんともいえぬ心持だ。

引手茶屋の駿河屋では、女将が朝からにこにこしながら、

「首尾はいかがでした」

なんて聞くものだから、ますます情けなくなってしまった。そこへ、女将が紙を出して、

「昨夜お預かりした三十両では足りませんでした。あと十二両ほどお願いします」

と言うではないか。

「いつも預けた金で裁量してくれていたのに、今回はどうして、そんな不足が出たのだ」

と追い詰めると、

「伊兵衛様が紙花をお撒きになったからですよ。数枚ならともかく、一帖四十八枚も撒かれたのですから」

「確かに、いちいち数えなかったが、かなり撒いたのは確かだ」

というので、しぶしぶ承諾して払うことにした。しかし、持ってきた金は、すべて引手茶屋に払ったのだから、一文もない。

すると、女将は一人の男を呼んで、

「ではお願いしますね」

と言い、私に

「この者をお店までお供させます」

と言う。これが付馬というやつだなと思い、あきらめて同道することにして、大門を出て五十間道に差し掛かると、表を掃除していた蔦重がにたにたしながら、

「おはようござんす」

と声をかけてきた。付馬は先刻承知の仲らしく、軽く挨拶をしている。

蔦重には蔦屋で私が細見を見たときから、結末が見えていたのかもしれねえ。とはいえ、男たるもの、このままでは、ひきさがれない。かといって、吉原の手に掛かって身代を潰すのも困る。どうしたものか。

三者三様の吉原あそび

勤番侍の巻

一カ月前に、主君の参勤交代の供をして江戸に出て来た。宿舎は中屋敷の長屋で、江戸詰三年目の同役と同じ部屋で暮らすことになった。

江戸到着後は、上屋敷の御家老、留守居役、そして直接の上司である組頭への挨拶など、各所への挨拶が半月もかかった。さらに、江戸にいる親戚への挨拶廻りもあり、なかなか気苦労なひと月であった。

番士は殿様の行列の警備の役だが、江戸に勤めているときはほとんどお役目がなく、月に一回の上屋敷へのご機嫌伺い以外は、気ままにしてよいとのことであった。その間、江戸で評判の剣術道場や塾に入門する者もあったが、どうせ一年では身に付かぬと思い、折角の機会なので、江戸見物を楽しみたいと思っている。

そこで、まず行きたかったのが吉原である。

そこで、同室の同役にそれとなく尋ねると、山のように積んである本の間から一冊抜き出して、

「この吉原細見を見ればよい」

と言って渡してくれた。そして、

「その本の奥付に書いてある蔦屋重三郎の店に行き、万事教わるといい」

と言って、どこかへ出かけてしまった。本ばかり読んでいる堅物かと思っていたが、もしかして、かなりの通かもしれない。

本の奥付には「新吉原大門口　板元　蔦屋重三郎」とある。幸いなことに中屋敷のある浅草瓦町からは浅草寺を抜けていけば、半時もかからない。しかも、浅草寺にお参りに行くといえば、体裁もいいので好都合である。ただ、屋敷の門限が五ツ（20時）なので、夜見世はあきらめるしかない。

そこで早速、昼前に屋敷を出て、浅草寺にお参りして今日の首尾を祈り、腹が空《す》いたので浅草名物の草餅を食べて、いざ出陣。

日本堤から衣紋坂を下ると、左右に小さな茶屋が並ぶところに出た。これが細見に書いてあった五十間道かと思いながら、細見に書かれていた左側の奥から四番目の店を見ると、床几台に本が並べられていたので、店番に、

「蔦屋重三郎の店というのはここか」

と聞くと、

「へえ、手前が蔦屋重三郎でございます」

との返事。

「おお、貴殿か。拙者は」

と名前を名乗ろうとしたのだが、吉原で名乗りを挙げていいものか、一瞬迷ったら、すかさず蔦屋のほうから、

「ここは吉原でございますので、ご本名はいりません。ただ、何かと人間違えをすると困るので、仮の名を教えていただければ結構です」

と言ってくれたので助かった。そこで、

「源三郎」

とだけ名乗っておいた。すると、蔦屋が、

「失礼ですが、お武家様の羽織と袴《はかま》をお預かりします」

というではないか。

「何を無礼なことを申す」

と言うと、

「吉原では、勤番で江戸においでになった方を、浅葱裏《あさぎうら》と申しまして、蔑《さげす》む風習がございます」

「浅葱裏とは」

「羽織の裏地が浅葱色な方が多いもので、そう申します」

確かに、享保《きょうほ》の奢侈《しゃし》禁止令以降、木綿を着るように奨励されている。町人は表地に木綿を

着ているが見えない裏地に工夫しているようだ。それに比べて武士は木綿の浅葱色の裏地着ている者が多い、拙者もそうだ。

「ならば、預けて、着流しで行こう」

ということになり、店の奥の狭い座敷に通された。

「ついでに、ここでお腰のものもお預けになられると、身軽でよござんすよ」

と言う。さすがに武士の魂を預けるわけにはいかない。

「どうせ、女郎屋に上がるときには、お預けになるのが法度《はっと》ですから、それまではそのままで大丈夫です」

「さて、肝心な女郎の件だが。どうすればよいのだ」

すると、蔦屋は店先から新しい細見を取ってきて、

「呼出しは昼見世には出ていませんが、座敷持ち、部屋持ち、新造たちは張見世に並んでいますので、ご自分で一人ずつ顔を見て、気に入った子がいたら、そこの若衆に名前を聞いておくのです。もちろんひと目でお気に召したのならいいのですが、折角ですから、いろいろな見世をご覧になるほうがよいと思います。これを『素見《すけん》』と言います。忘れないように、この細見に印を付けておくのも手です」

というわけで、蔦屋に指南を受けたあと、いよいよ大門を潜り、仲の町に入ると、昼間のせいか、まだ人通りも少なく、行商や物売りもいて、なんとなく寂しげで、これなら浅草の

門前のほうが賑やかであった。

　しかし、いったん江戸町一丁目の木戸を潜ると、両側に格子窓が並び、その奥から煙草の煙がたなびいている。すでに何人か格子奥を覗いている。拙者も覗くと若い女郎から年増の女郎まで、美しい打掛を着て、まるで雛人形のように並んでいる。以前お城で見た奥の女中たちのように豪華なのに驚いた。

　格子のそばに座っていた女郎が近づいてきて、火の付いた煙管の吸い口を向けてきた、吸えということなのだろう。しかし、ここで吸えば、そのまま見世に揚げられそうな気がしたし、ここは大籬のようなので、高くつくと困るので、

「またな」

と言って、そこを離れた。

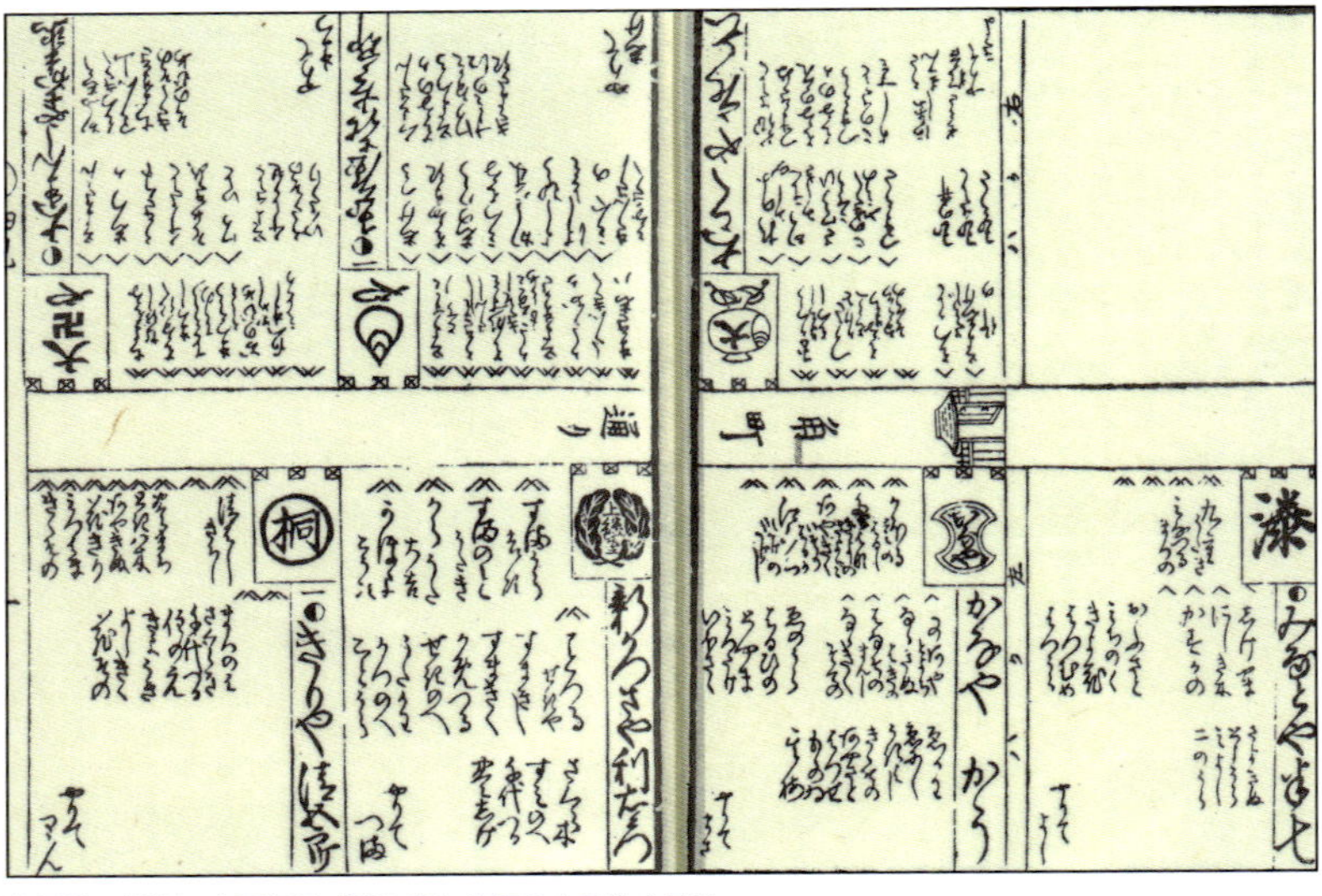

蔦屋重三郎版の吉原細見『籬の花』角町の中見世小見世

次に角町の通りに入ると、何となく店の間口も狭くなり、張り見世の中に座っている女郎の数もぐっと少なくなっている。どうやらここは中見世小見世が多いようだ。

その中の一軒、格子から笑い声が聞こえて、懐かしいお国訛りだったので、ふと近づくと急に澄ました顔になり、

「主さん、遊んでゆきなんし」

と、廓言葉で話かけてきた。

「生国どこだ」

と聞くと、小さな声で

「信濃国でありんす」

と答えたので急に懐かしくなり、素見も飽きたので、ついこの子でいいかと思ってしまった。

「じゃ、上がろうか」

と言うと、暇そうに煙草を吸っていた若衆に声をかけた。若衆は急にまじめな顔になり、

「へえ、どうぞお上がりください」

と入口の暖簾を跳ね上げ、中に案内した。すると奥から、女将が出てきて、

「お武家様、お腰の物をお預かりいたします」

と、着物の袖を出したので、その上に刀を置いた。事前に蔦屋に教わっていたので、ここで大騒ぎをして恥をかかずにすんだ。

「女郎は新造ですので、二朱（1万2千円）でございますが、いきなりの馴染みでございますので、女郎に馴染み祝儀を二朱出してやってください」

と言う。仕方ないので紙入れから一分金（2万5千円）を一枚出して渡した。すると、女将が女郎の名前を呼んで、

「どうぞ、こちらに」

と階段を登って行くので、そのままついていくと、廊下から広そうに見える座敷に入っていった。廊下には女物の草履がいくつか置いてあり、中にはすでに人の気配がしている。襖を開けると、座敷は屛風でいくつかに仕切られており、すでにそこにうごめく人影があった。どうやら、割床のようである。ちょうど端に空いた床があり、女郎はそこへ拙者をいざなった。自ら帯をほどき、着物を脱いで襦袢姿になり、拙者にも脱ぐように急かした。

「お屋敷の門限もありんしょうから」

浅葱裏を着てなくても、女郎には拙者が勤番だと見通しのようだ。それにしても吉原では初会だの裏を返すだのと面倒なことを言っていたが、こんな小見世だと、まったく気楽なもんだ。ということで、昼間から楽しませてもらった。

七ツ（16時）の鐘が鳴ると、屛風の向こう側も帰り支度をしているのか、女郎がまた来るように約束をねだっている。拙者の敵娼も、

「今度はいつ来られんす」

と聞いてくるので、

「まあそのうちな」

と、少し薄情だとは思ったのだが、他にも味見をしてみたい女郎がいたので、曖昧《あいまい》な答えにしておいた。

階段下では、若衆が刀を持って待っていたので受け取って見世を出ると、まだ陽は高く、屋敷に帰るには早いと思い、女郎屋の通りを歩くと、格子の中には誰もおらず、すっかり夢の跡のようだった。

少し肌寒いので、五十間道の蔦屋に預けてきた羽織と袴のことを思い出し、寄ると重三郎が出てきて、

「どうでした。早速果たされましたか」

と言うので、

「今日は素見だけにするつもりだったが、つい上がってしまった。悪くはなかったが、まだ他も楽しみたいので、また来る」

と言って、衣紋坂を登り、見返り柳でつい吉原のほうを見返してしまった。とはいえ、毎回祝儀を含めて一分ではとても暮らせないので、次は岡場所にでも行ってみるか。

三者三様の吉原あそび

熊さん八っつぁんの巻

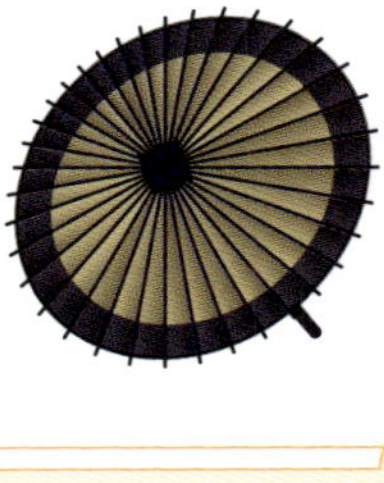

根を詰めて仕上げた彫金の鍔《つば》が高値に売れたので、毎日のように催促に来ていた大家の金兵衛さんに貯まっていた長屋の家賃を払い、米屋、酒屋、油屋などへのツケを払う晦日までには日があるので、ここは一つ、気晴らしに吉原へ繰り込むことにした。

とはいえ、ひとりではつまらないので、同じ長屋に住む、左官の八五郎を誘う と、ちょうど帰ってきたところで、これから湯屋に行くと言う。

「湯屋に行っていたら、遅くなるから、井戸で水でも浴びればいい」

と言ったら、

「とんでもねぇ」

と言いながら、まんざらでもない顔で褌《ふんどし》一丁になり、井戸端で水を浴びてから、部屋に戻り、新しい褌を締め直して、さらに仕立て直した着物を着ている。

「どこぞのお姫様じゃないんだから、いい加減にしろ」

と言うと、

「おめぇ、もしかすると、もうすぐ年季明けで、俺のかかあになりたいという女に出逢うかもしれねえしな」

「なにを虫のいいこと言っているんだ。どうせ、年季が明けたって、借金が残って、身代金がいるという話になるさ」

なんて、埒《らち》もない話をしながら、長屋のある神田の柳原岩井町の金兵衛長屋から、筋違御門を通り、下谷御成街道から広小路に出て、ここにも岡場所があるのだが、今日は久しぶりの吉原と決めているので、脇目もふらず、上野の山裾を抜けて、金杉町を右に曲がって田んぼの中の道を行けば、いよいよ吉原の屋根が見えてきた。

日本堤から五十間道にさしかかると、そば汁の旨そうな匂いがしてきた。あれは確か吉原名物のつるべ蕎麦の店からだ。神田から半時も歩いてきて、喉も乾いたし、腹も減ったので、一戦交える前に腹ごしらえをしようと、
店の表の床几台に腰をかけた。店の中から、すっかりはげて、髷《まげ》がなんとかぶら下がっているような頭をした爺が出てきた。

「蕎麦をそれぞれ二枚ずつと酒を頼む」

「へぇ」

余計なことを言わず、爺は奥に引っ込んだ。

蕎麦ができるまで、表を見ていると、向かいの編笠茶屋の表に数冊の本が並べられている。

蕎麦を持ってきた爺に、

「向かいは確か吉原細見を売っている蔦屋だったな」

と言うと、

「へぇ。近頃は他にも、いろいろ売っておりやす」

と言い、蕎麦代と酒代を受け取って下がっていった。蕎麦を喰い、それぞれ1合ずつ飲むと、すっかり気持ちが大きくなり、向かいの蔦屋を覗いて、

「今売り出しの花魁は誰なんだい」

と聞くと、細見の松葉屋の丁を開いて、

「この瀬川ですね」

と一番上の段を示すのだが、さすがに呼出じゃ手も足も出ない。話だけにして、

「やっぱり、河岸《かし》だな」

と言うと、蔦屋が、

「新しいこの細見には、河岸見世の女郎

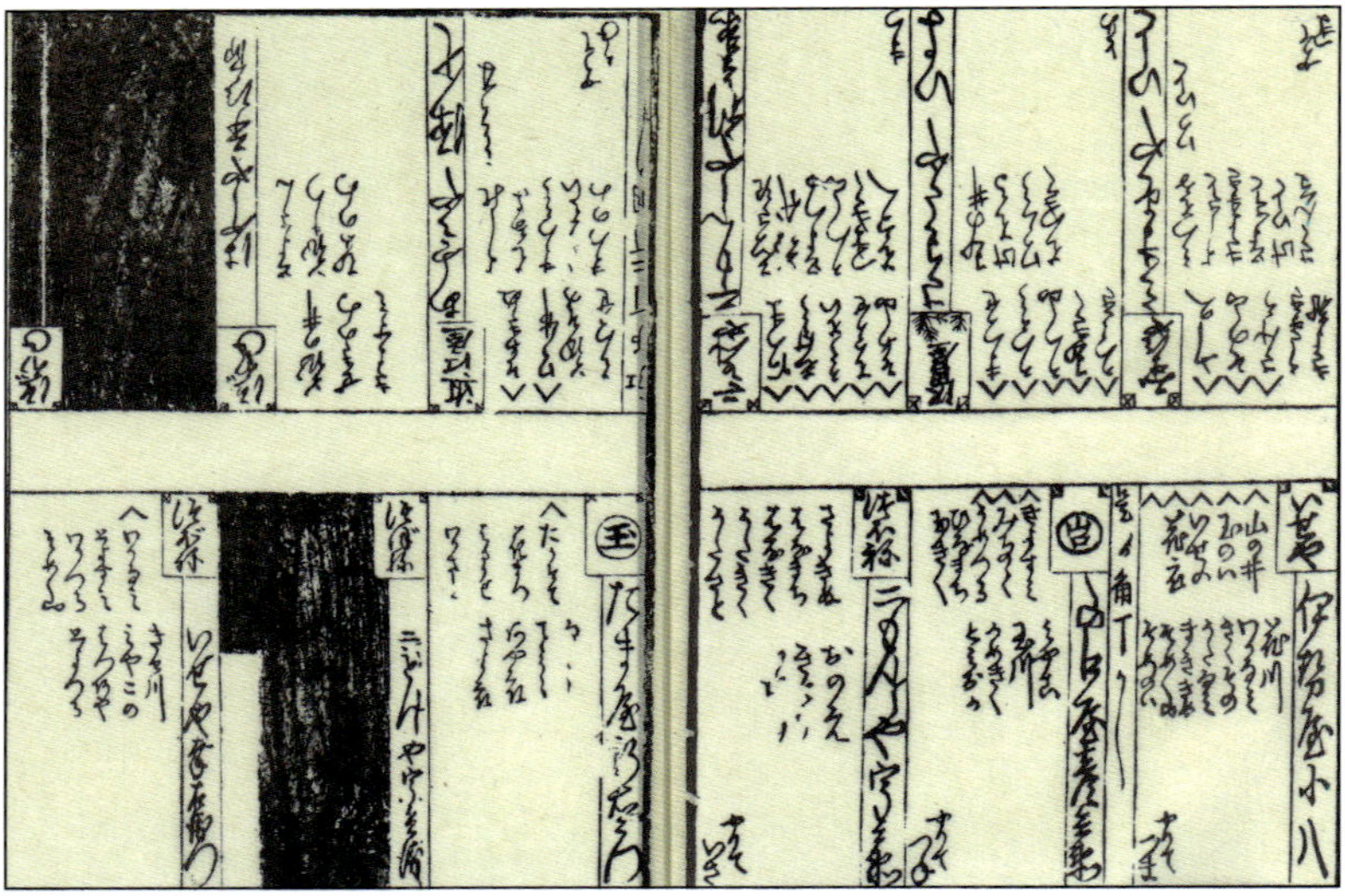

蔦屋重三郎版の吉原細見『籬の花』河岸見世

も載っていますんで、一冊お持ちになると、何かと重宝しますぜ」

と、無理やり懐に入れてくる。本当は二人とも文字が読めないのだが、それを言うのも癪《しゃく》なので、買うことにした。

仲の町の通りは、すでにどの見世にも明かりが入り、まるで神田祭りのように賑わっている。おっと、向こうから花魁道中がくる。周りの人々から、

「あれは瀬川だ」

という声が聞こえる。こりゃあ運がいいぜ。

ただで瀬川花魁が眺められるなんて、それだけで吉原に来た甲斐がある。ゆっくり進む道中の周りにはすでに人だかりができている。しかし、花魁の姿はすぐわかった。大きな傘の下、周りの人より

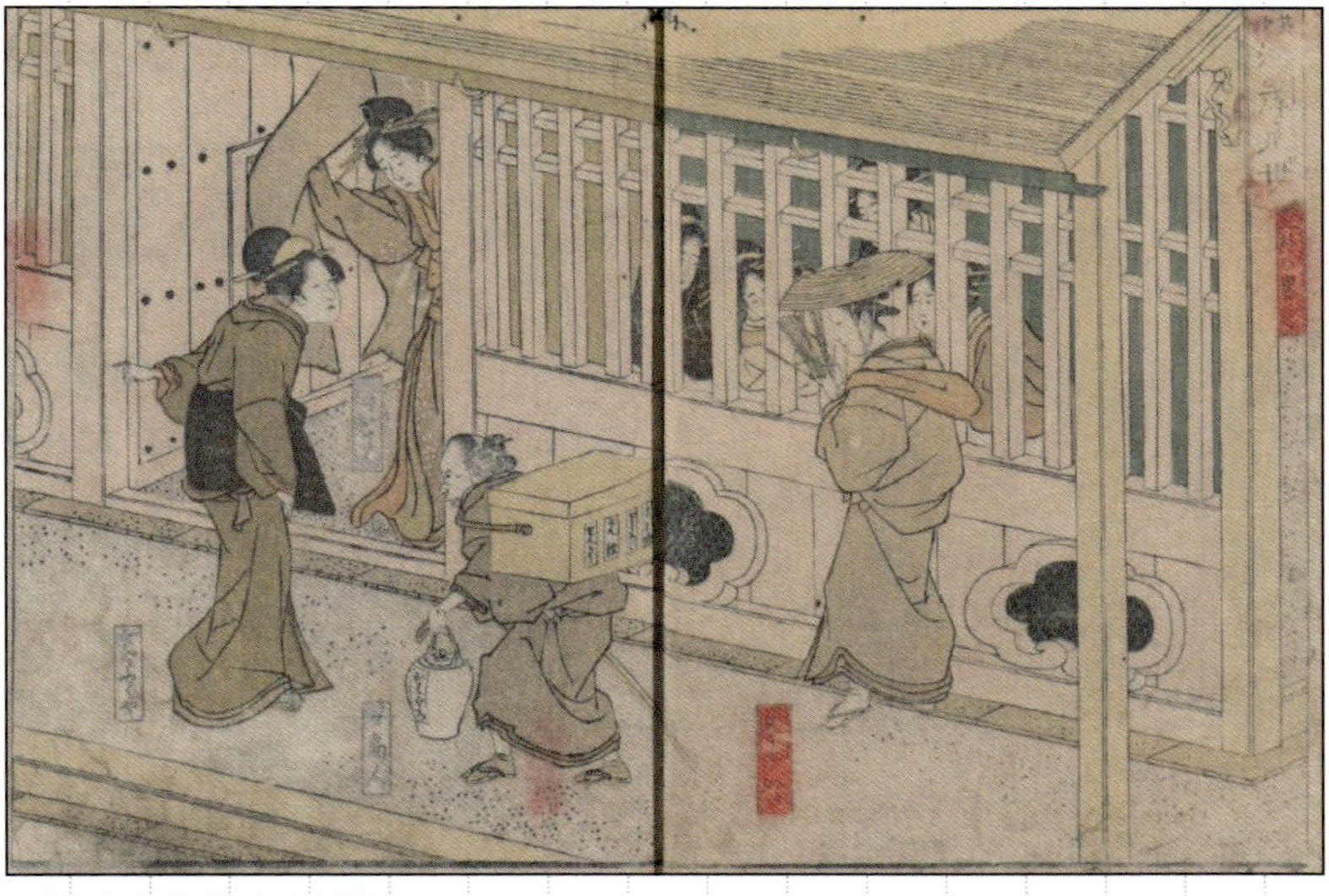

河岸見世 豊国「絵本時世粧」

一尺近く高いとこに、笄《こうがい》や簪《かんざし》が何本も刺さった髪を結い、白粉《おしろい》の白さが光るような化粧をした顔、本当に弁天様のようだ。

「にこりともしないのが、かえってそそるね」

と八っつぁんは口をあんぐり開けている。手の届かない神様を眺めていても埒があかないので京町の通りを抜けて西河岸に出た。お歯黒どぶに面して高い板塀があり、上には忍び返しが付いている。その塀沿いの細い道に面して片側見世が並んでいる。

「安普請だな」

と、左官の八っつぁんはつい見世の造りに目がいくらしい。

そんなこと言っていると、見世の中から着物の胸元がはだけた女郎が出てきて八っつぁんに

「あら、いい男」

と声をかけた。それを合図のように、隣の見世からも女郎が暖簾の間から顔を出してきた。このままだと選ぶことなく、ここで捕まってしまうので、

「俺はここでいいよ」

と言う八っつぁんの手を無理やり引っ張って、今度は東河岸のほうに行ってみた。ここは羅生門河岸《らしょうもんかし》ともいう通りで、見世から顔を出す女郎の多くは年増が多い。

するとと、急に八っつぁんが立ち止まり、一人の女郎に近づいて行き、

「かつちゃん」

と呼びかけた。呼ばれた女郎は一瞬ためらったが、意を決したように、

「八っつぁん」

と、八っつぁんに向かって言った。

どうやら知り合いのようだ。八っつぁんはこの見世にすると言って入っていったので、俺も仕方なく同じ見世にした。

こうなると俺は誰でもいいので、一番若い子と言ったのだが、どう見てもとっくに年期が明けた三十路を過ぎた女郎ばかりだった。

どうやら、八っつぁんとは屏風を挟んだだけらしいので、二人の話し声が聞こえてくる。それを聞いていたら俺の敵娼が、

「主さん、いくらお仲間でも人の話を聞くのは、野暮のすること。それよりもわちきが極楽にお連れしんす」

と言って、俺の帯をほどき始めた。『そうよ、今日はせっかく吉原に遊びに来たのに。まあ、年増でも年季が入っているだけ、楽しませてくれるだろう』と、されるままに任せた。ひと通りすますと、

「主さん、一切《ひときり》（ちょんの間約15分）たったので、どうなさんす」

というので、隣はどうしてると問うと、

「今真最中なので、もう一切はかかりんしょう」

「じゃ、俺たちも」

と言うと、女郎は嬉しそうに寄ってきた。こうして何回か伸ばしていくうちに、五ツ（20時）の鐘が鳴り、このままでは泊まりになるので、屏風越しに、

「八っつぁん、俺は帰るが、お前さんはどうする」

と声をかけると、

「俺も帰る」

という返事がして、敵娼となにやら約束をしている。

それぞれ女郎に揚代を払ったのだが、一切を重ねたせいで思わぬ金になった。

見世を出て、京町の通りを歩くと、大籬《おおまがき》の張見世の中には、お茶を引いているらしい女郎がまだいる。

大門を出て、帰りは山下を通ると寺ばかりで淋しいし物騒なので、浅草を抜けて帰ることにした。歩きながら八っつぁんに
「あの子、どうするんだい」

と聞くと、

「嫁にする。実は幼なじみで、言葉にはしていないが、末は夫婦になろうと思っていた。それが、あいつの親父が死んだため、売られてしまった。そのとき、俺も若かったので、どう

しようもなかった。あいつもあと少しで年季が明けるというので、今度こそ夫婦になろうと約束したんだ」

「でも、借金が残っているんじゃないか」

と問うと、

「俺も一生懸命稼いで、身請けするんだ」

もうこうなっては止めようがない。

それにしても、吉原でかかあをもらうという八っつぁんの夢が正夢になるとはね。

吉原噺 弐

吉原とは何か

一、吉原は幕府公認の公の施設
二、新吉原への行き方
三、吉原の町並と町名
四、吉原の掟

吉原は現在の東京都台東区千束四丁目、および三丁目の一部にあった江戸幕府公許の女郎屋が集まる遊廓。当初は日本橋葺屋町（現在の日本橋人形町）にありましたが、明暦の大火（1657年）で吉原遊廓は焼失し、浅草寺北の日本堤付近に移転を命じられました。

その後、吉原は大名や文化人が集まるサロン的な役割を果たし、女郎や吉原風俗は浮世絵や黄表紙・洒落本などの題材になっていきました。つまり、吉原は文化・流行の発信地でもあったわけです。

本章では吉原についての基本知識を解説していきます。

一 吉原は幕府公認の施設

江戸には一日に千両（1億円）の金が消費される場所が三つあると言われました。一つめは日本橋の魚河岸で、将軍様のお口に入る鯛から長屋の食卓に並ぶ鰯《いわし》まで、江戸の人々が食べる魚の商い額が千両だというのです。二つめは、芝居町で興行される芝居（歌舞伎）や人形芝居の木戸銭（入場料）やその周辺の芝居茶屋で飲食される料理の売上げが一日千両。そして三つめが、江戸で唯一幕府公認だった遊郭の吉原で落とされる金が一晩に千両。

誰も正確に勘定したわけではありませんが、江戸の人たちがそうだろうなと納得していた金額ですから、いかにこの三カ所が繁栄していたかの例えです。

それでは、蔦屋重三郎が生まれ育ったという吉原とはどんなところでしょうか。

「吉原」とは元々地名で、施設名称は「廓《くるわ》」というのが一般的で

●江戸時代の通貨の円換算表

	金1両	銀1匁	銭1文
江戸前期〜中期 慶長14（1609）年〜 明和年間（1764〜1772年）	100,000円	1,700〜 2,000円	25円
江戸後期安永年間 （1772〜1781年）〜 嘉永年間（1848〜1854年）	80,000円	1,400円	20円
幕末 安政年間（1854〜1860年）〜 幕末（1868年）	50,000円	630円	7円

江戸時代中期まで物価は比較的安定していましたが、田沼意次の積極財政以後に上昇し、幕末には開港や政情不安のために、さらに急騰しました。

浮絵 江戸日本橋小田原町着市之図 礫川亭永理画
天明８（1788)年～寛政８（1796）年
日本橋川沿いに仲買いの店が並んでいる。

浮絵 江戸堺町芝居之図 礫川亭永理画
天明８（1788)年～寛政８（1796）年
五代目市川團十郎が『暫』の鎌倉権五郎景政を演じている。

すが、他にも時代によって俗称がたくさんあります。「遊廓《ゆうかく》」「遊里《ゆうり》」「色里《いろざと》」「遊女町《ゆうじょまち》」「女郎町《じょろうまち》」。さらに女郎に夢中になって城や国を傾け、ひいては滅ぼすという意味で「傾城町《けいせいまち》」などがあります。

そこに通うと、国を亡ぼすとまでいわれた廓がなぜできたのでしょうか。それは、男性が大勢いたからです。

江戸は徳川家康によって作られた城下町です。その建設のために全国から石工・大工・左官など多くの労働者が集められました。それに伴って、その人々を支える職人や商人はもちろん、食料を確保するために農民や漁民までもが江戸に呼び込まれたのです。

そして、一番人数が多かったのが、全国の大名たちが引き連れてきた家臣たちでした。

江戸時代初期の人口調査はありませんが、総人口のうち男性の割合は8割近かったと考えられます。そんな江戸で必然的にできたのが、小規模な女郎町です。当然ながら数少ない女性を巡って、男同士のいざこざが起り、時には女郎ではない女性を襲うという事件も起こるようになりました。

これでは、城下町としての治安が保てないというので、元は駿河国の駿府で女郎屋を営んでいた**庄司甚右衛門**という人が、慶長《けいちょう》17（1612）年に幕府に遊廓を作るように陳情します。

庄司甚右衛門
天正3（1575）年～寛永21（1644）年。相模小田原北条家の家臣として生まれ、江戸に出て町人となる。吉原遊郭の創設者として知られる。

明暦の大火
明暦3（1657）年正月18日から20日。江戸城本丸をはじめ市街の大部分を焼き払った大火災。

正保年間江戸絵図 正保元（1644）年 東京都立図書館蔵
3代将軍家光の時代、正保元（1644）年頃の江戸を描いた図。明暦の大火（1657）以前に元吉原が市街地に囲まれていることが分かり、移転先の新吉原がまだ湿地帯だったことも分かる地図です。

江戸城
日本橋
吉原
元和3（1617）年～明暦3（1657）年
浅草橋

●江戸時代初期寛永9（1632）年に描かれた江戸地図

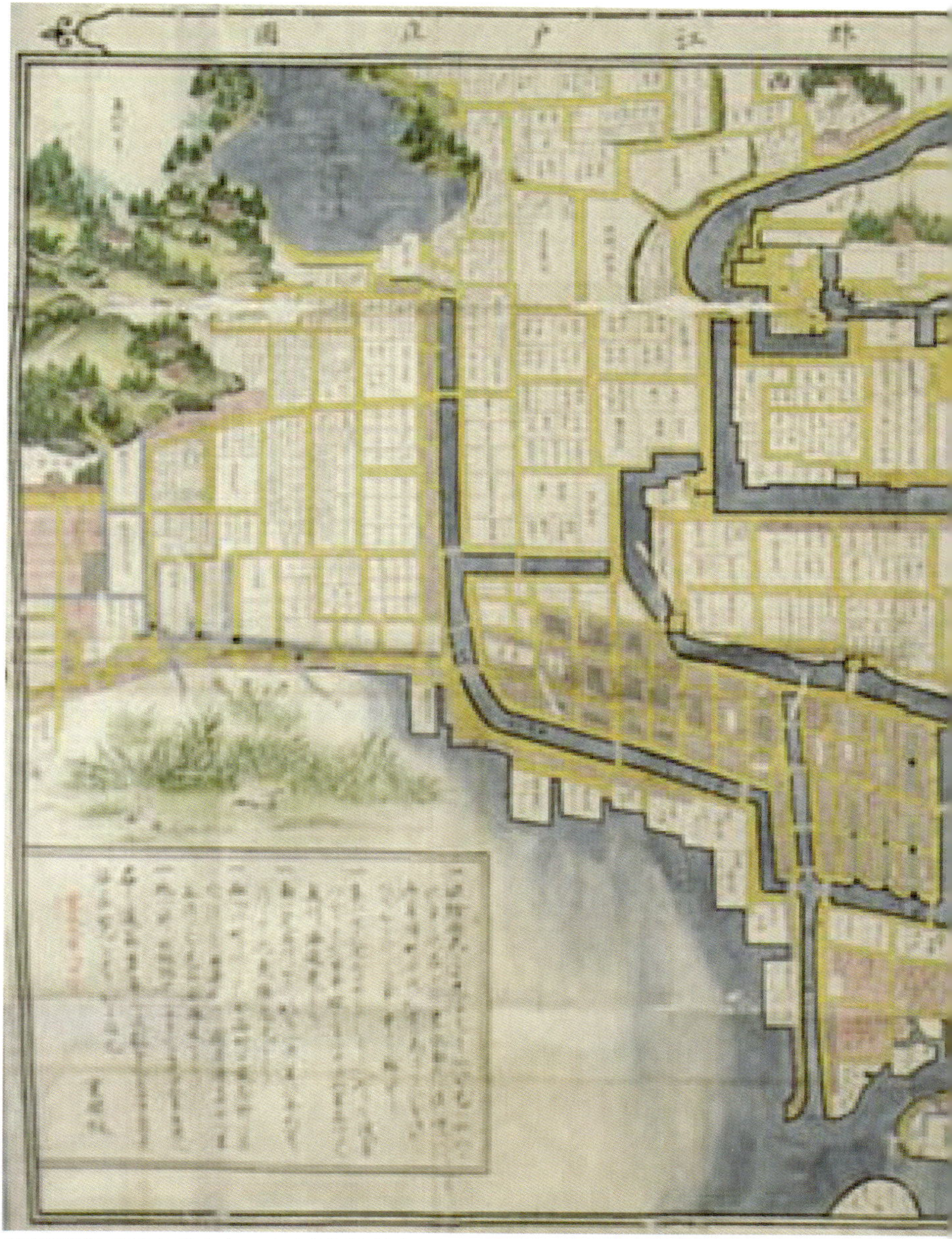

武州豊島郡江戸庄図 寛永9（1632）年版複製（東京都立図書館所蔵）

遊廓というのは、甚右衛門のアイデアではなく、豊臣秀吉が大坂城を築いたとき、城下の至るところに散らばっていた女郎屋を一カ所に集めて、「廓」という公の施設として認め、営業させていました。さらに京にも同じような施設を作り、これがその後に場所を移動して、大阪の新町、京の島原となったのです。

つまり、甚右衛門はこの大坂や京のような施設を江戸にも作ろうと言ったのです。そこで幕府は甚右衛門の数度の陳情の結果、やっと元和《がんわ》3（1617）年に、まだ湿地で葦《あし》が生い茂っていた日本橋付近の土地を与え、そこに廓を建設するのを許可したのです。　現在の中央区日本橋人形町2・3丁目）あたりだと想定されます。

当時はまだ地名もなく、葦が茂っている場所だから通称「よしわら」と呼ぶようになりました。ただし、「葦」は正しくは「アシ」と読みますが「あしはら」では縁起が悪いというので「よしわら」と読ませました。

ただ、江戸が拓《ひら》けるに従って、吉原の周りに武家屋敷や町屋も建つようになり、江戸の外れが段々と江戸の中心部になっていきました。そうすると、中心部に遊廓があるのは問題だとして、移転話が持ち上がります。もちろん吉原は客が来やすい現在の場所がいいので反対します。

ちょうどそんなとき、江戸を焼き尽くす**明暦の大火**（1657年）が起こり、

考証の栞　遊ぶところの廓で「遊廓」

女郎が男性客を接待する場所を「廓《くるわ》」と呼ぶのは、周囲を囲って外との自由な通行を制限した区画を「廓」と呼ぶことにちなみ、女郎屋が集まって、周囲と一線を画していたから。ただ、廓だけでは城の城郭と紛《まぎ》らわしいので、あえて「遊廓」と呼ぶ場合もあります。吉原も廻りに堀を巡らし、高い塀を設けて、廓の体をなしていました。

吉原も全焼します。これを機に遊廓は江戸の外れに当たる浅草の北方、日本堤沿いに移転します。浅草といっても、周りは田んぼばかりで、まるで、日本橋に初めてできた当時のような風景だったことでしょう。そこで、この新しい遊廓も「吉原」と呼び、日本橋にあった吉原に対して「新吉原《しんよしわら》」と呼ぶようになりました。

それから幕末に至るまで、幕府はあえて周辺を宅地化しない施策をとっていたようで、新吉原の周辺には人家が建つことはなく、田んぼの中にあり続けました。

そのため、吉原は行政的には町奉行所の管轄なのに、江戸の市中ではないような印象を与えていました。

考証の栞　江戸では「女郎」という言葉が一般的だった!?

廓で働く女性のことを、現代の解説書では「遊女」と呼ぶことが多いですが、蔦屋重三郎の時代には「女郎《じょろう》」と呼んでいました。

女郎というのは、身分のある女性を指す言葉で、本来は「上臈《じょうろう》」と書きます。江戸城大奥でも最高位の職階に「上臈」というのがあります。上臈になれる人は京の公家《くげ》の出身で、実務というよりは将軍や御台所《みだいどころ》の相談役という立場でした。これが、一般には若い女性という意味で使われました。「女買い」というより「女郎買い」というほうが風情を感じますからね。

他にも「遊女《ゆうじょ》」という呼び方もあります。遊女は古い言葉で、平安時代には歌や舞で宴席に侍《はべ》る女性たちのことを「あそびめ」と呼んでいました。これが時代とともに客と床を一緒にする女性を指すようになります。

なので、江戸時代には廓の女性を呼ぶのに、「女郎」「遊女」のどちらも使いました。しかし、一般には肩ぐるしい「遊女」より、単に女という意味の「女郎」のほうが多く使われていました。

それが明治時代以降、歴史の本などでは「女郎」にはさげすんだ蔑視の意味があるというので、職業名としてわかりやすい「遊女」という表現のほうが多く使われるようになりました。

二　新吉原への行き方

蔦屋重三郎の生きた吉原は明暦の大火（1657年）後に日本橋近くから移ってきて、百年以上も経《た》っていました。そのため、古い吉原に対して「新吉原」と呼ぶのが憚《はば》かれるくらい人々に定着していました。なのに、錦絵には「新吉原」と明記してあるものが多いのは、「新」という言葉に、人を惹き付けるものがあったからでしょうか。日本人は「新」が好きですからね。

では、そろそろ吉原へご案内しましょう。わかりやすく江戸の中心で**五街道**などの起点となった日本橋から出発です。行き方は大きく三つあります。

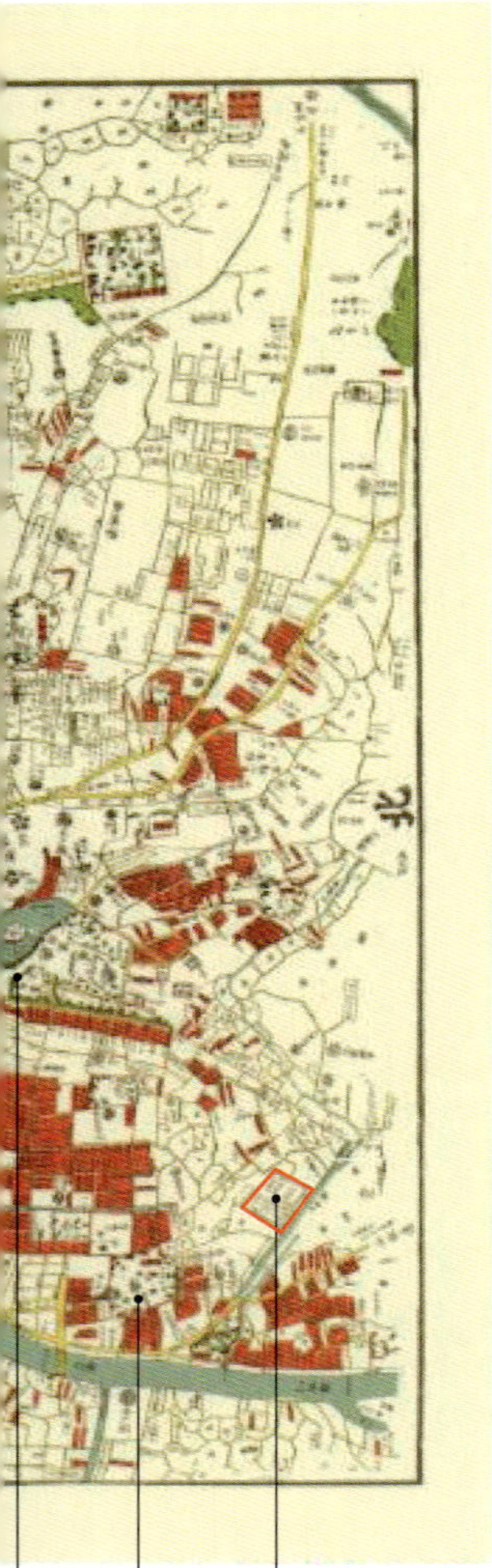

五街道
江戸日本橋を起点とした五つの主要街道。東海道・中山道・日光街道・甲州街道・奥州街道。

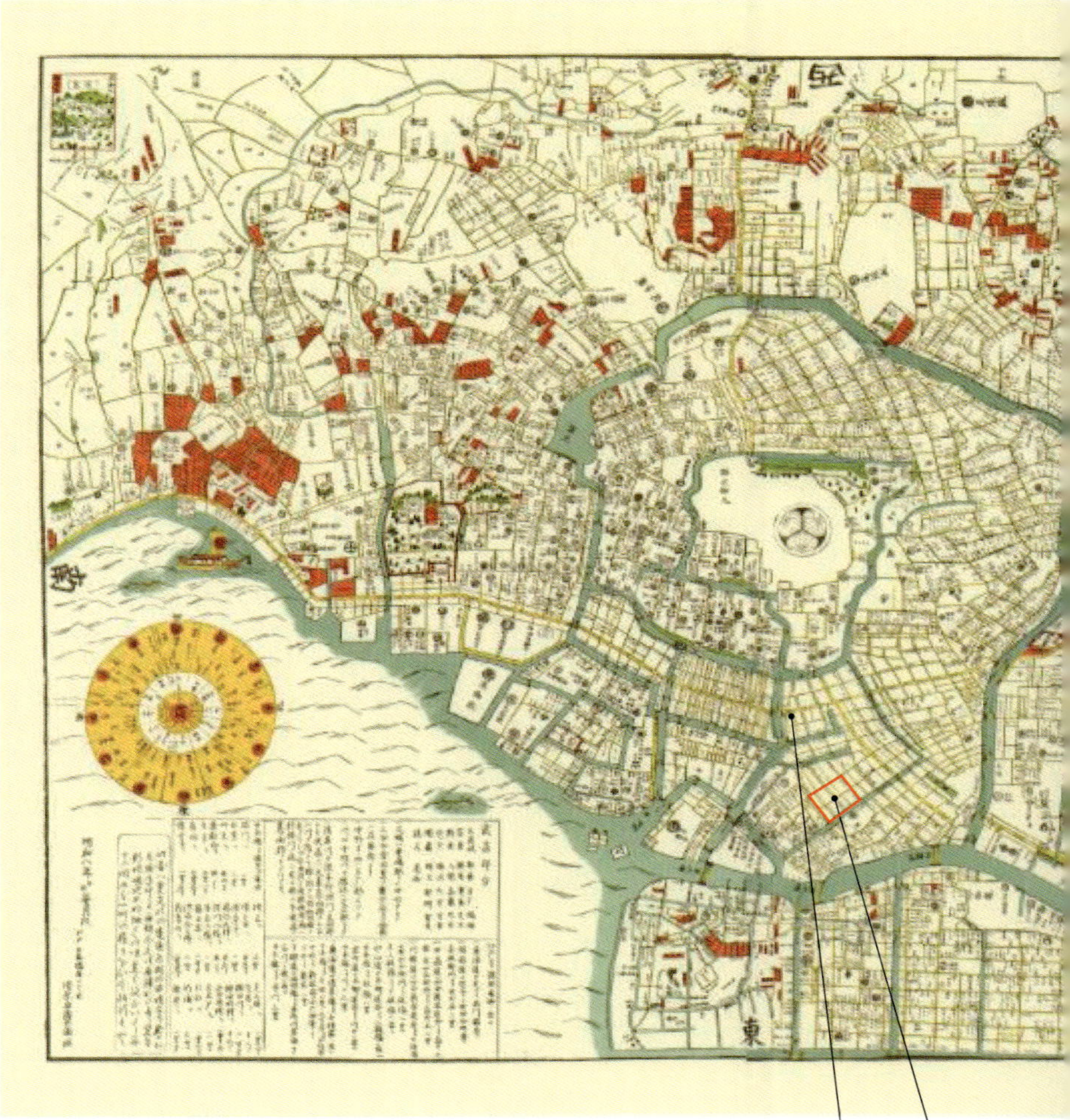

蔦屋重三郎が生きた時代の江戸の地図
明和江戸図明和8(1771)年発行の須原屋茂兵衛版の地図（国際日本文化研究センター蔵）

一つめは浅草の浅草寺を目指します。境内《けいだい》の東縁を通る奥州街道を北に進むと日本堤《にほんつつみ》にぶつかります。そこから左に折れて「土手八丁」と呼ばれた土手の上を900メートルくらい歩くと、衣紋坂《えもんざか》という吉原に導入するための道に出ます。土手にはよしず張りの屋台が並んでいて、夏には枝豆、スイカなどを売っていました。

二つめは上野寛永寺を目指します。寛永寺の黒門前から右に曲がり上野の山の下を北に進んで、日本堤の手前を右に曲がって、田んぼの中の道を抜けて、日本堤に上がれば、そこが衣紋坂です。

三つ目が、神田川が隅田川と合流する辺りの柳橋には、川船の運行をしている船宿が多く並んでいました。そこで、船をチャーターして、隅田川を上って行き、日本堤の横を流れる山谷堀に入り、今戸で降りて、そこから日本堤を歩いて衣紋坂に向かいます。

三つとも最後の1キロメートルは日本堤の土手か田んぼの中を歩くことになります。これが嫌だったら、辻駕籠に乗るという方法がありますが、仮に日本橋から吉原の大門

日本堤にならぶ屋台。「江都名所吉原日本堤」広重。右の大きな木が「見返り柳」。

前まで6~7キロメートルを辻駕籠に乗ると、金二朱(1万2000円)くらいはかかります。吉原に行く前からそんなに使っていたら十分に遊べないという方は、速足で1時間ほど歩いてください。

さて、いよいよ吉原です。まず日本堤の衣紋坂を下れば、右手に**高札場**《こうさつば》、左手に「見返《みかえ》り柳《やなぎ》」が見え、その先の

考証の栞 日本堤《にほんつつみ》という名前の理由

吉原へ行くのに必ず通る「日本堤」ですが、大げさな名前がついていますが、見かけは単なる土手です。

隅田川の上流の荒川がたびたび洪水を起こしていたので、その洪水から江戸の町を護るために、徳川家康が命じて、浅草寺の北に高さ3メートル、長さ1500メートルの堤を築きました。

この工事は全国の大名に請け負わせた天下普請だったので大げさに「日本堤」と呼んだという説と、この堤ができる前にもう一本堤があったので、合わせて「二本堤」になることから、当て字で「日本堤」にしたという説があります。

高札場。東都名所坂づくし之内 吉原衣紋坂之図 広重画

「五十間道《ごじゅけんみち》」を進めば、吉原はすぐです。

衣紋坂の名の由来は、ここまで来るとあと少しで吉原だというので、客がみな着物の衣紋（襟）の乱れを直したので、付いた名称です。現代風にいえばネクタイの結び目を直したというところでしょうか。

見返り柳は、吉原で楽しい時を過ごした男性がここで吉原の方向を見返したというので付いた名前です。行きの衣紋坂、帰りの見返り柳、どちらも男性心理を読んだ素晴らしいネーミングです。

高札場には、町奉行が決めた条と、吉原が決めた条を書いた札が立派な屋根付きの台の上に掲げてありました。これも吉原は幕府が許可した廓だということを表すために、権威付けに建てられたものでしょう。

ここを過ぎれば、いよいよ茶屋が建ち並ぶ五十間道です。

高札場
幕府や町奉行所の法度や掟書など書いた板札を立てておく場所。

三 吉原の町並と町名

吉原が明暦3（1657）年に日本橋から、浅草の日本堤の南側、現在の台東区千束4丁目に移転するにあたって幕府は従来の広さ二丁（218メートル）四方だったのを五割増しの幅三丁（327メートル）奥行二丁にしてくれました。実際の奥行はもう少し広いようです。

その土地の周囲に幅五間（9メートル）の堀を巡らし、周囲の田んぼの余り水を引き込みました。これが「**お歯黒どぶ**」の始まりです。女郎がお歯黒をするときに使う「かねみず」と五倍子《ふしこ》を流したためだと言われています。

しかし、蔦重の時代には幅が広い所で三間（5・4メートル）、狭い所は二間半（4・5メートル）に狭められました。これは内側の土地を増やすためで、そこに道や小規模の女郎屋や茶屋を建て増しました。お歯黒どぶに面する側は、女郎の逃亡を防ぐために、忍び返しの付いた高い塀で囲まれていました。

敷地の北東、日本堤側に大門を作り、そこからまっすぐに南西方向に延びる幅は六間（11メートル）、長さ二丁の大通りを作りました。それが「仲の町《ちょう》

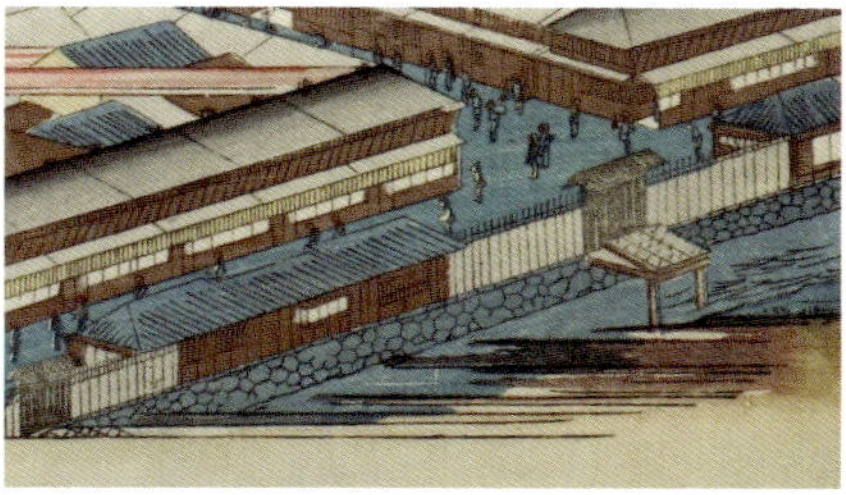

東都名所 新吉原五丁目「弥生花盛全図」の一部分 歌川広重画、天保の頃。

お歯黒どぶ
江戸新吉原遊郭を囲むみぞで、遊女の逃亡を防ぐために設けられたといわれている。

の通り」です。一番奥は「水道尻《すいどうじり》」と呼ばれています。これは元禄《げんろく》・宝永《ほうえい》の頃、**紀伊国屋文左衛門**《きのくにやぶんざえもん》が吉原に掘り抜き井戸がないことを知り、掘ってできた井戸の水を水道として吉原全体に回して、最後にここに溜めたので、水道尻と呼ばれるようになったと言われています。ここには火防の神として有名な**秋葉権現**を祀った銅の常夜燈が建っています。

そして、ここには、蔦重が29歳の安永7（1778）年に火見櫓《ひのみやぐら》が建ちましたが、文化9年（1812）年の五月の火事で焼失しました。そのため、この火見櫓を吉原の風景に入れるかどうかは、考証のポイントになります。

町割りを見ると仲の町の通りを背骨に見立て、左右に三本ずつ幅四間二尺（7・8メートル）の肋骨が延びています。この通りを挟んだ向かい同士の家並みが一つの町となります。

「吉原細見」文政9（1826）より。水道尻の秋葉権現の常夜燈と、火の見櫓

大門側から「江戸町一丁目」「江戸町二丁目」「揚屋町」「角町」「京町一丁目」「京町二丁目」の六町です。さらに江戸町二丁の中に「伏見町」ができ、江戸町二丁目と

紀伊国屋文左衛門
江戸前期〜中期の豪商。紀州熊野の出身で、紀州みかんの江戸出荷と木材の買占めで巨富を築いた。名は文吉。俳号は千山。略して「紀文」と呼ばれ、「紀文大尽」と言われた。

秋葉権現
秋葉山の山岳信仰と修験道が融合した神仏習合の神。火防の霊験で広く知られ、秋葉講と呼ばれる講社が結成された。

新吉原の町割り

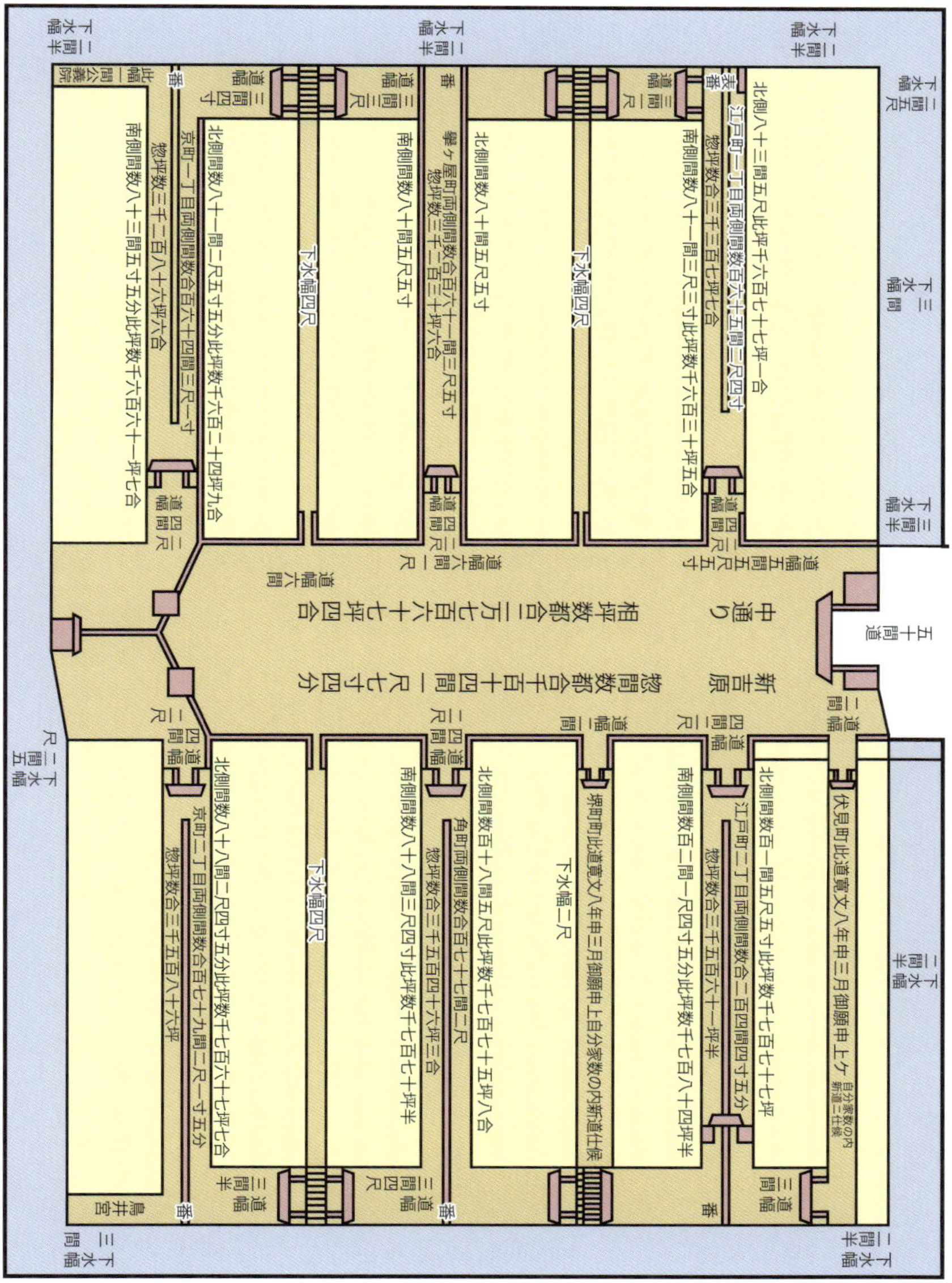

新吉原絵図 正徳元年（1711）
『続江戸吉原図絵』花咲一男著より。

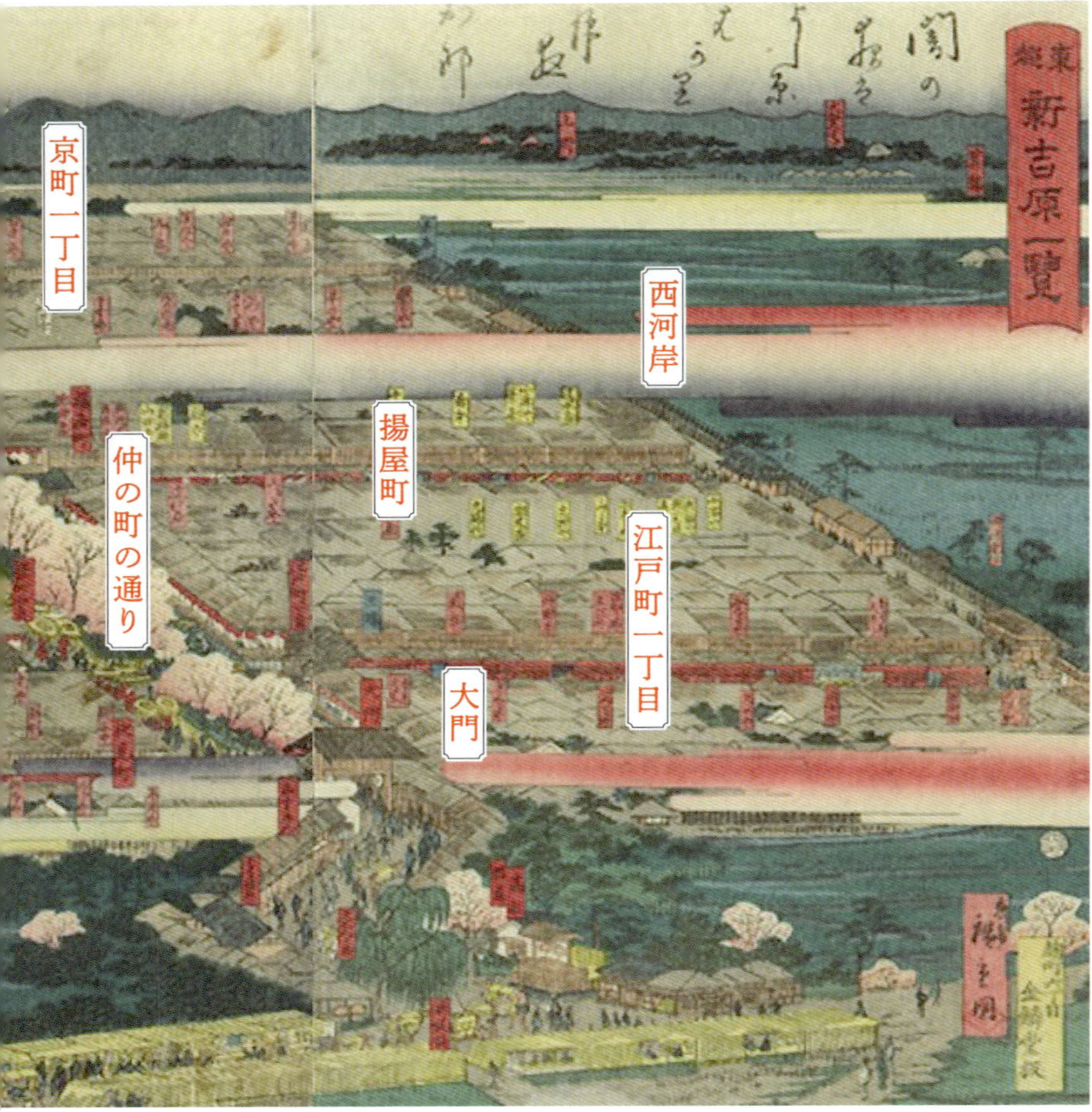
東都 新吉原一覧
京町一丁目
西河岸
揚屋町
仲の町の通り
江戸町一丁目
大門

新吉原の地図

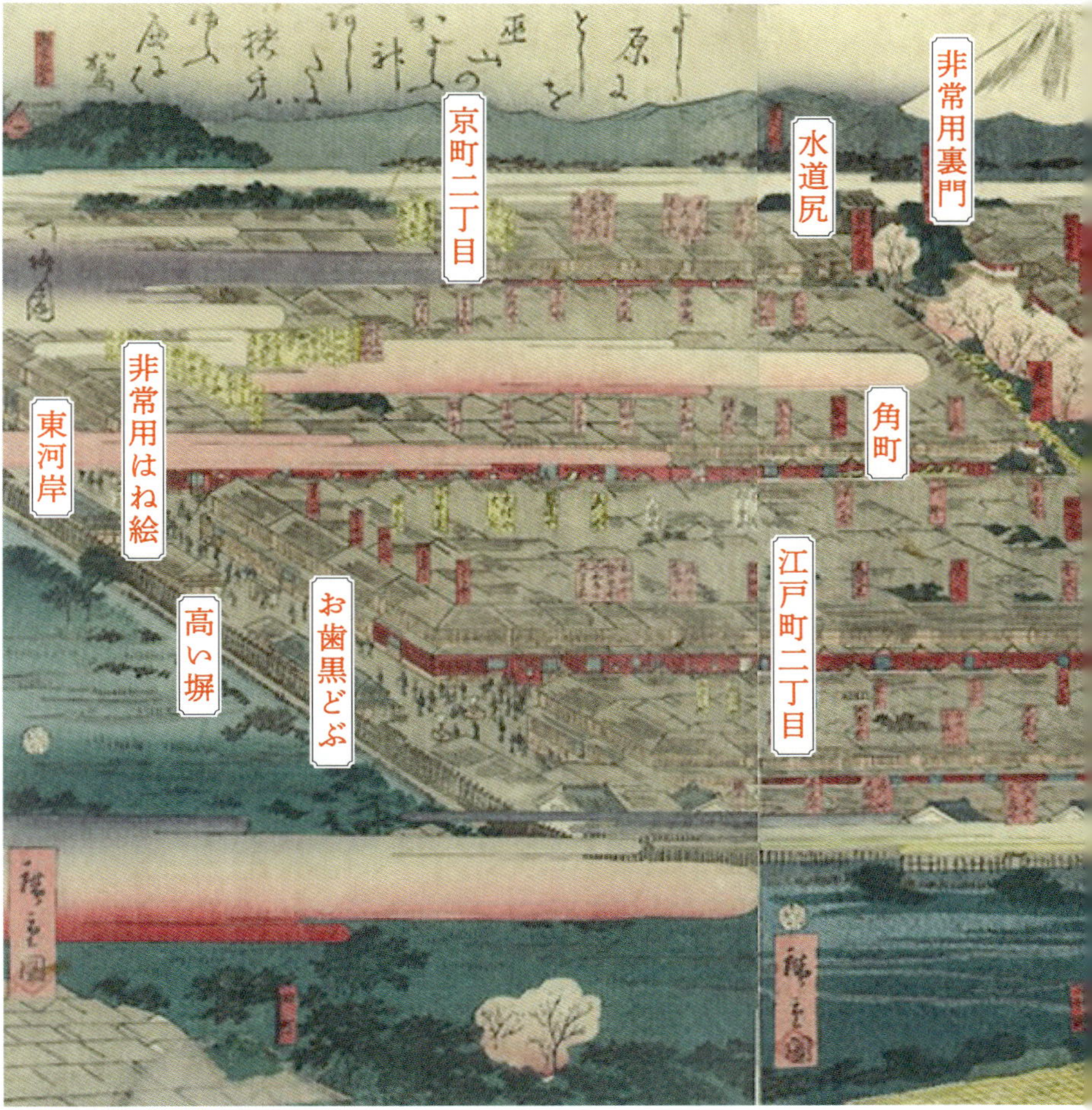

東都吉原一覧 二代歌川広重画 万延元年（1860）東京都立博物館蔵

角町の間に「堺町」が一時的にできるなど、時代によって町数が変わりました。

しかし、吉原ではこれらをまとめて「五丁町」と呼んでいました。それは、元吉原のとき、「江戸町一丁目」「江戸町二丁目」「京町一丁目」「京町二丁目」「角町」で構成していたので、新吉原になっても、それを踏襲して、「吉原五丁町」と言いました。

そして、町割りの外に、お歯黒どぶを川に見立て、縁沿いにある片側の家並みを「河岸《かし》」と呼んでいました。河岸の名前は、西側が「西河岸」で、京町二丁目辺りを「浄念《じょうねん》河岸」。「東河岸」の二丁目辺りは「羅生門《らしょうもん》河岸」と呼ばれました。そして河岸にある小規模な女郎屋を「河岸見世」と呼んでいました。

四 吉原の掟

さて、大門を入る前に、知っておいたほうがよい、吉原の掟を紹介しておきます。

まず、元和《げんわ》3（1617）年に、甚右衛門が幕府から吉原の営業を許可されたときの条件として出されたもの。

つまり、これを守らないと、営業許可を取り消すというものです。

一、傾城町以外で、傾城屋の商売をしてはならない。
一、傾城を買い遊んだ者は、一日一夜より長逗留をしてはいけない。
一、傾城の衣類は、刺繍・金銀を使った摺箔などを着せてはいけない。どんな生地にも紺屋染用いること。
一、傾城屋の建物の造作を美麗にしないこと。町役などは江戸町の格式の通りにすること。
一、武士商人風の者に限らず、仕官先や奉公先が不確かで不審な者が徘徊すれば、調べ、なお不審ならば奉行所に訴えること。

つまり、吉原以外では商売をするな、豪華な衣装を着てはいけない。建物も華美に飾り立ててはいけない。

そして、怪しい者を見つけたら奉行所に報告するように。

この五ケ条によって、吉原は幕府公認の廓となったのです。
さらに吉原独自でも追加で、衣紋坂の高札場に揚げたのが、次の三ケ条です。

一、江戸市中で隠売女は禁制であり、違反する者は五人組にまで責任が及ぶ。
一、医師の外は乗物で入廓はできない。
一、槍・長刀は廓中に持ち込んではいけない。

槍・長刀（薙刀）の持ち込みは、江戸時代の初期にはまだ戦国の風俗が残っていて、何かというと廓内で振り回す武士がいたためですが、これが拡大解釈されて、引手茶屋や女郎屋に上がるときには、刀の大小も店に預けるというルールになりました。おかげで、廓内での刃物騒ぎもなくなり、武士も町人も安心して遊べる町になったのです。

ちょうど、蔦重の時代の少し前、頭から顔をすっぽり覆《おお》う、目出し帽という頭巾が

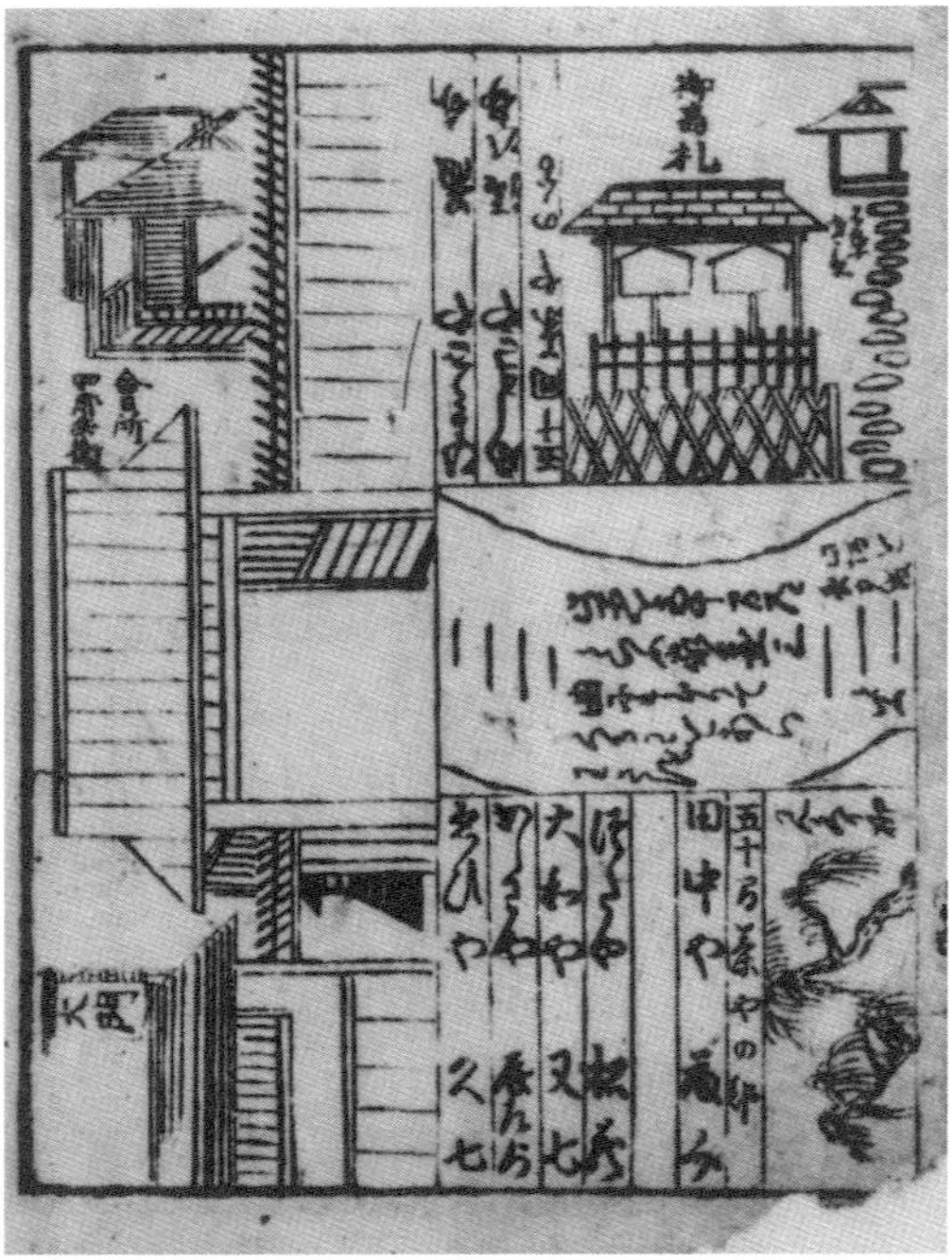

高札場と見返柳 吉原細見 文化六年春 蔦屋版、高札場『風俗吾妻男』「吉原風俗絵図」より

流行したのですが、これも不審者が被《かぶ》って入廓をするのを防ぐという理由から、禁止になりました。

中にはオシャレのつもりで被ったのに、大恥をかくなんてこともありました。

この他、公の掟にはなっていませんが、吉原の町衆が独自に決めたルールというより、しきたりに近いものがたくさんあります。それは追々お話しましょう。

目出し帽「金々先生栄花夢」の挿絵

吉原噺 参

「吉原細見」の中身

一、年二回改訂発行の吉原ガイドブック
二、吉原細見には何が載っていたのか
三、細見を元に吉原地図を作る

江戸のメディア王、浮世絵の仕掛け人として名高い蔦屋重三郎の原点は吉原細見（吉原のガイドブック）です。吉原細見の改として安永3(1774）年、25歳のときから確認できます。それまでも吉原細見は吉原を訪れる人たちに欠かせない情報源でしたが、蔦屋重三郎が編纂した吉原細見にはそれまでにないさまざまなアイデアが盛り込まれていました。本章では吉原細見について基礎知識と蔦屋版吉原細見の創意工夫についてまとめました。

年二回改訂発行の吉原ガイドブック

「吉原細見《よしはらさいけん》」は現代でいうところの「観光ガイドブック」だとよく解説されますが、細見には編集者の主観的な意図はなく、すべて平等に掲載されているのが特徴です。吉原内の地図、女郎屋とそこに属する女郎の名前、さらに女郎や女郎屋を紹介してくれる引手茶屋、女郎の料金表、付録に芸者や船宿、名物までと至れり尽せりです。

しかも、これを毎年正月と7月の年2回、改訂して出版しているのですから、現代のガイドブックより情報は正確で新鮮です。

なぜ、そんなものが必要になったのでしょうか。それは、吉原には2000~3000人の女郎がおり、同じ名前の女郎や女郎屋が多くあったのです。そのため、吉原内部の人たちですら、混乱していたでしょう。まして や初めて吉原に来る客にしてみれば、肝心の女郎を選ぼうにも、基準となるものがなく、行き当たりばったり、調子のいい客引きに騙される心配もありました。

吉原細見
江戸時代に刊行された吉原の遊廓の案内書。古くは貞享年間（17世紀）から明治時代まで約160年間にわたって出版され続けた。

鱗形屋
江戸の出版界をリードした地本問屋。初代の鱗形屋加兵衛は、江戸の遊郭・吉原を取材した遊女評判記や吉原細見を売り出し、2代目の鱗形屋三左衛門は、絵師「菱川師宣」の挿絵入り本を主力商品として大手出版として君臨した。当初、蔦屋重三郎も鱗形屋の細見改をしていた。

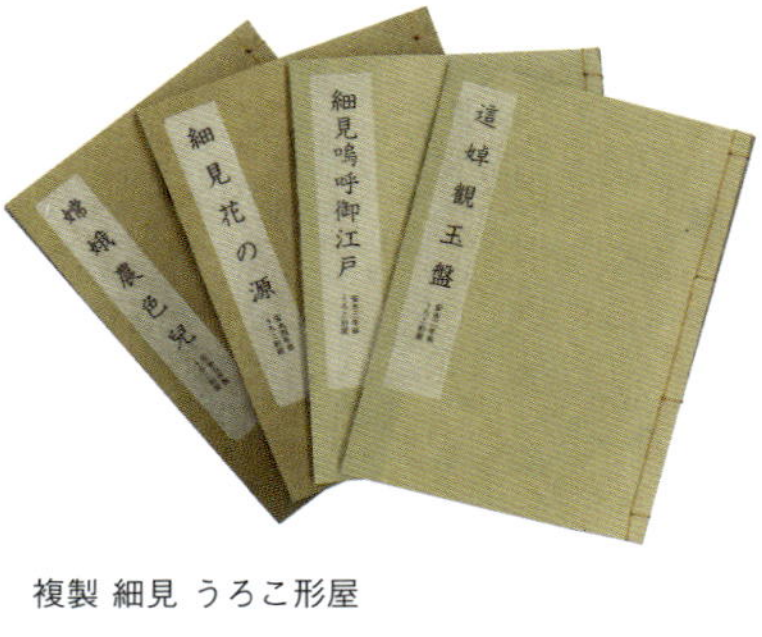

複製 細見 うろこ形屋

そこで、吉原が明暦の大火で、現在地（台東区千束）に移転した頃から、各女郎の評判などをまとめた「女郎評判記」といったものが出版されるようになったのです。しかし、これは吉原の女郎全部ではなく、あくまで板元がお勧めする女郎だけを載せる、まさにガイドブックでした。

しかし、それでは載っていない女郎や女郎屋が多く、情報不足だということになり、女郎屋や女郎の名前を入れた一枚ものの細見が発行されるようになりましたが、それでも全部が掲載されないので、とうとう冊子状の「細見」が刊行されるようになりました。その筆頭が元文《げんぶん》3（1738）年以降に「**鱗形屋**《うろこがたや》」と「山本」という2軒の板元で正月と7月の年間2回、最新の情報を載せた「細見」を刊行するようになり、細見の全盛期を迎えます。

しかし、細見が多く出たから、吉原の客が増

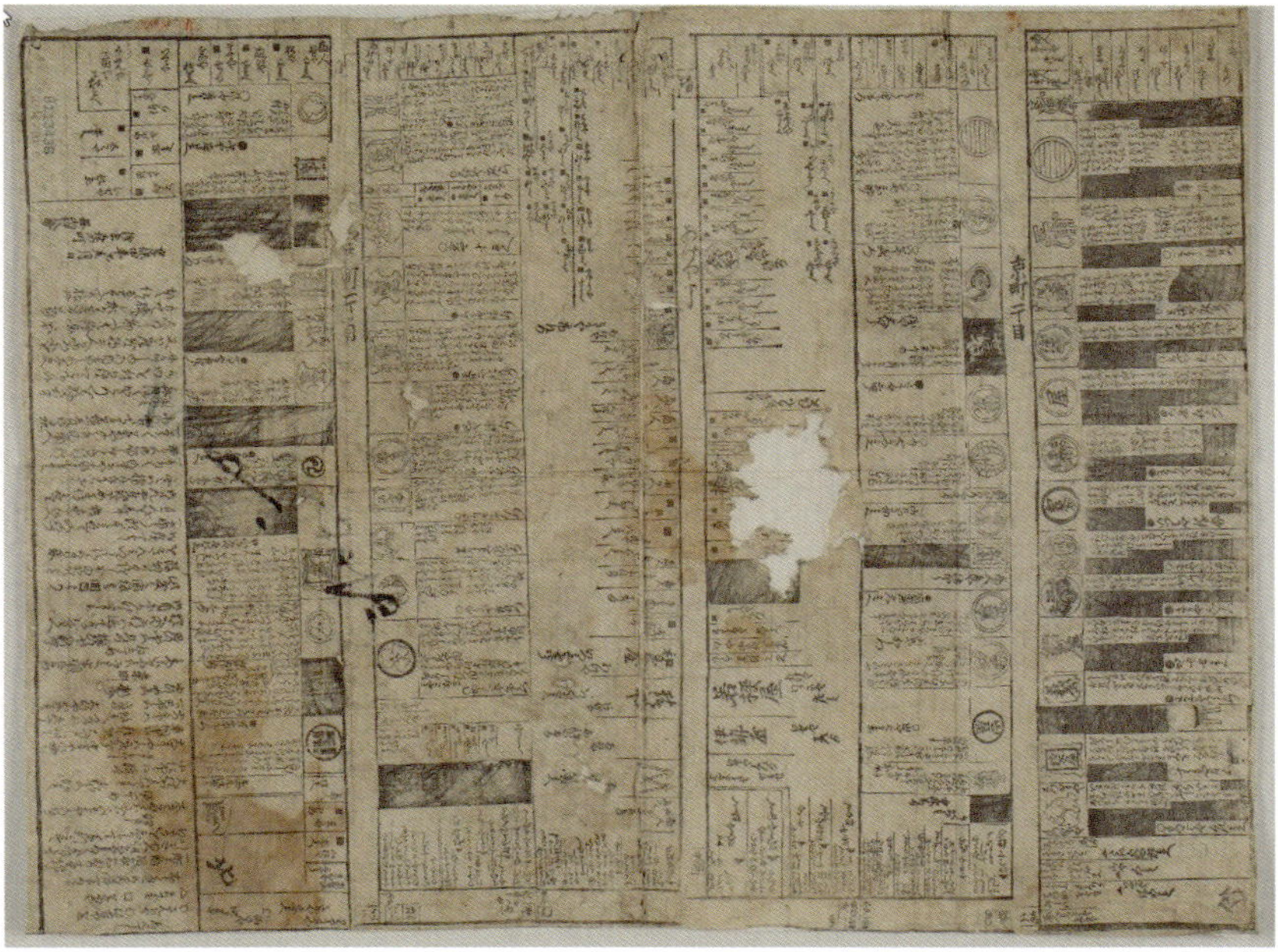

享保年間の一枚物の細見
吉原細見 享保4年（1719）年

えたかというと、客はだんだん吉原から他の**岡場所**に移って行ったのです。

そんな時代に登場したのが、蔦屋重三郎です。蔦重が貸本業と並行して行った最初の仕事が「細見《さいけん》改《あらため》」という役です。

細見は半年ごとに発行するため、その都度最新の情報を載せる必要がありました。そのため、改訂版を出す前に、前回の細見から変化したこと。つまり女郎屋の廃業や新規開業、それぞれの女郎の廃業や新規出し、出世なども一人ひとり調べて掲載します。その調査をするのが「改」という仕事です。

一見誰でもできそうな仕事ですが、すべての女郎屋から最新の情報を聞き出さなくてはならず、初めての飛び込みでは正しい情報を得られません。そこで、従来は吉原の京町二丁目の本屋「木村屋善八」が行っていましたが、安永3（1774）年の春版から、吉原蔦屋重三郎が行うようになったのです。

そのきっかけはわかりませんが、五十間道の編笠茶屋として客に吉原の案内をし、貸本屋として女郎屋を廻って懇意にしてもらっていた繋がりで、情報を集めやすかったのでしょう。

こうして、吉原細見と強い繋がりを持った蔦重は、吉原に関係する本の出版に乗り出していきました。

岡場所
江戸の非公認の私娼屋が集まった遊郭のこと。江戸では、吉原以外での売春は非公認であったが、実際には私娼地が各所にあり、岡場所と呼ばれた。

●蔦屋重三郎版の「吉原細見」

複製 細見 蔦屋重三郎版 安永

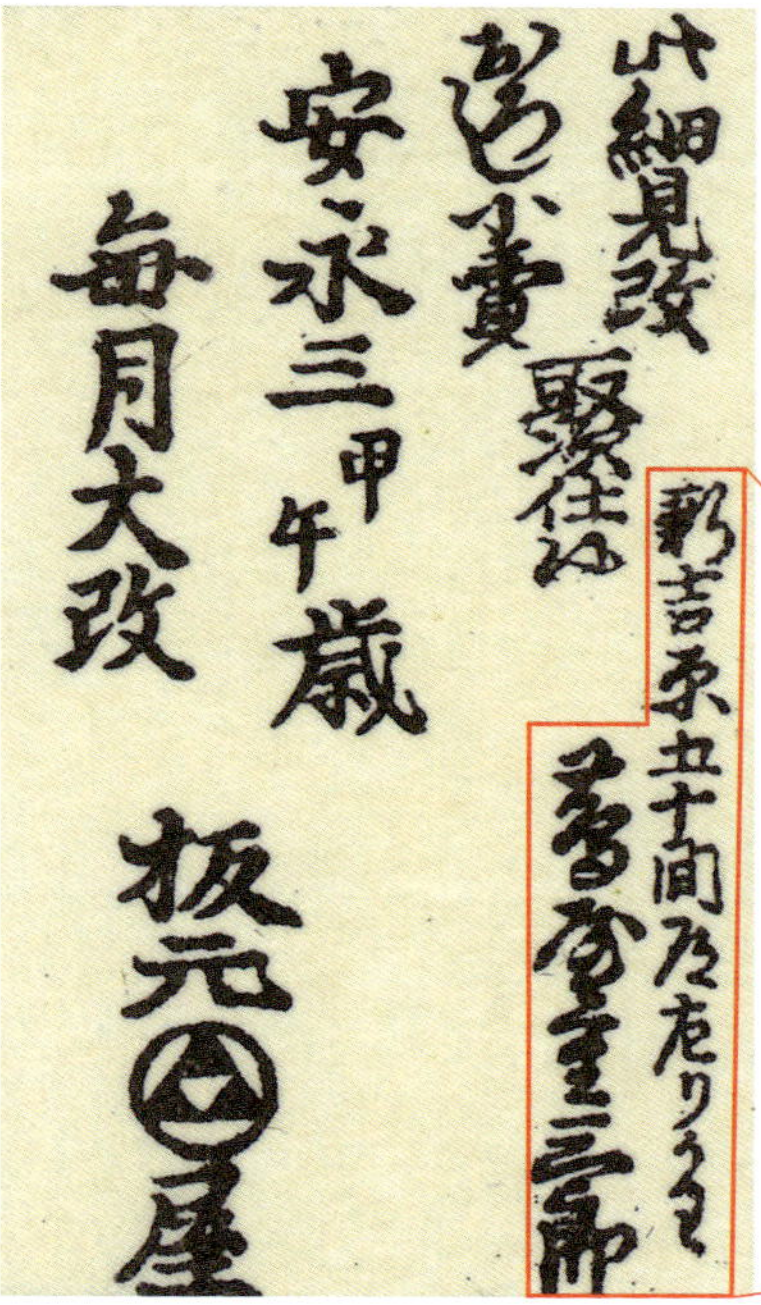

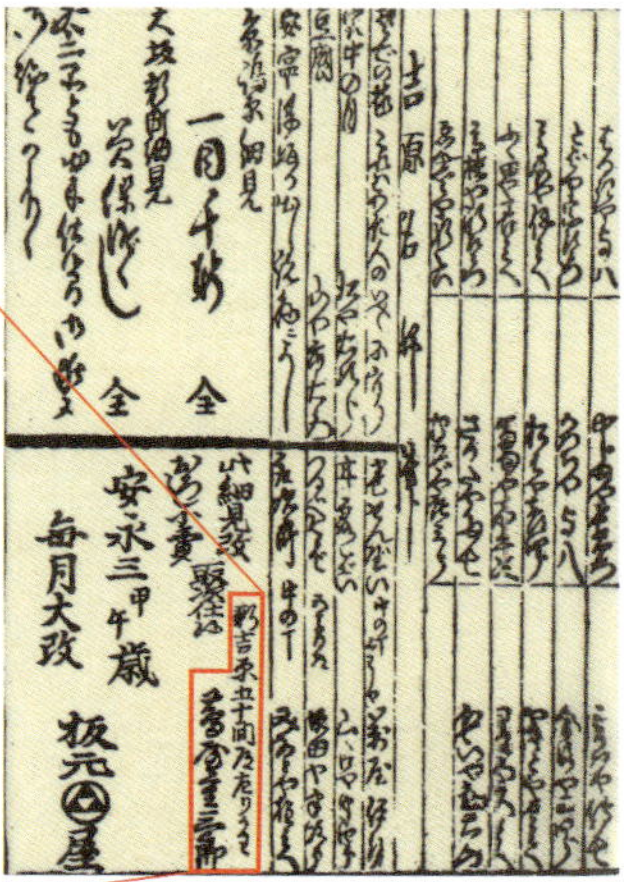

細見「嗚呼御江戸」の奥付

二

吉原細見には何が載っていたのか

これから蔦屋重三郎が実際に出版に関わった細見を見ながら、細見には何が載っていたのかを解説しましょう。
まず蔦重が「改《あらため》」をした細見『嗚呼御江戸』です。

◆題簽《だいせん》

細見には毎回「題簽」というタイトルが付いているのですが、多くの場合、序（前書き）の中から、言葉を抜いてタイトルとしています。蔦重が初めて改めをした安永3年春版は、福内鬼外（**平賀源内**）が予め題簽を「細見嗚呼御江戸」として序を書いていたので、そのままタイトルになりました。

また蔦重が板元として安永4年秋に初めて出した細見のタイトルは『籬の花』。この序を書いたのは誰か不明なので、蔦重本人かもしれません。

●平賀源内
享保13（1728）年高松藩の御蔵番の子として生まれた。発明の才に富み、洒脱の気風があった源内は、エレキテル（日本で初めて復元された電気機器）の復元、燃えない布・火浣布、量程器（万歩計）、磁針器など多くの発明をした。また、本草学・蘭学・物産学・国学を学び、物産会を開催。戯作・浄瑠璃にも才能を発揮した。

「風来山人」『肖像 1之巻』野村文紹 国立国会図書館デジタルコレクション

◆序

細見の中で唯一、読みものになっている部分で、多くは当時著名だった文人に依頼して書いてもらっています。そこに当時の人気絵師が吉原の風俗を描いた挿絵もあり、それを目当てに買う人もいました。

●「鳴呼御江戸」の序

細見鳴呼御江戸序

（訳）細見ああお江戸の前書き

女衒《ぜげん》女を見るに法あり一に目二に鼻すじ三に口四にはへぎは膚は凝る脂の

（訳）女を遊女屋に売る生業をしている者（女衒）に、女を見分ける法則がある。一に目、二に鼻すじ、三に口、四には肩から首すじにかけて（へぎ）はきめの細かい艶のある白い肌だ。

ごとし歯は瓢弓なりに曲がる犀のごとし

（訳）歯は真っ白にそろった歯並びだ。（「瓢弓なりに曲がる犀」慣用句）

家々の風好々の顔尻の見やう親指の口伝刀豆臭橘の秘術ありて

（訳）家々の家風、好き好きの顔、尻がつりあう（見よう）、妓楼の主人の言い伝えの刀豆（サイカチ）臭橘（ムクロジ）を使った避妊秘術ありて、

これを撰むこと等閑ならねど牙あるものは角なく柳の翠なるは華なく

（訳）これを撰ぶことといい加減にはしないけれど、牙あるものは角なく、柳の翠なのは華なく

智あるは醜く美しきに馬鹿あり静なるははりなく賑なればきやんなり

（訳）智あるは醜く美しいのに馬鹿あり、静かな者は張りなく、賑やかな者はお転婆（おきゃん）なり、

顔と心と風俗と三拍子揃ふものは中座となり立者と呼る人の中に人なく

（訳）顔と心と風俗の三拍子揃う者が太夫となるが、今の花魁の中に人なく、

女郎の中に女郎まれなり貴《たっとき》かな得《え》がたきかな或は骨大毛むくじやれ。

（訳）女郎の中に女郎まれなり、貴くて得難い、あるいは骨太毛むくじゃら、

猪首獅子鼻棚尻《たなしり》、虫喰栗《むしくいくり》

（訳）首が短くて太い「猪首」、低くて小鼻が開いている「獅子の鼻」、突き出た形の尻「棚尻」、選びに選んだはずの栗の中に虫がいたように「虫喰栗」、

のつゝくるみも。引け四ッの前後に至れば余つて捨るは一人もなくひろいところかァ、お江戸なり

（訳）をひとまとめにして。木戸が閉まる引け四ッの前後になれば指名がかからず余って捨てられている遊女は一人もいない、繁栄している（広いところ）が江戸です。

午のはつはる

（訳）うまの初春

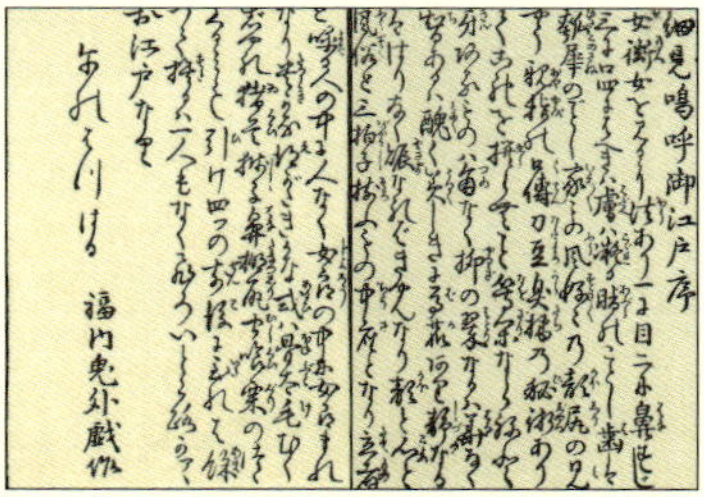

次に蔦重が初めて細見の板元になったとき、細見のページ数を減らして持ちやすくするためにレイアウトを工夫した安永4年の『籬《まがき》の花《はな》』から細見に記載されていた中身を解説しましょう。

◆年中月次もん日

吉原には「紋日」という習慣がありました。紋日は本来「物日《ものび》」といい、日常とはちがった日という意味で、五節句などの祝祭日でした。

この日、吉原では女郎は休むことができず、必ず客を取らなければなりません。しかも女郎の揚代《あげだい》が2倍になりました。

その他のご祝儀なども必要で、平日よりかなり費用のかかる日でした。

これを一覧表にして掲載していたのです。

正月の松の内から始まって、12月28日まで毎月5～9日もあり、年によって多少はありますが、平均81日くらいありました。4日に1日は紋日になります。

これでは、さすがに多いというので、寛政の改革の際

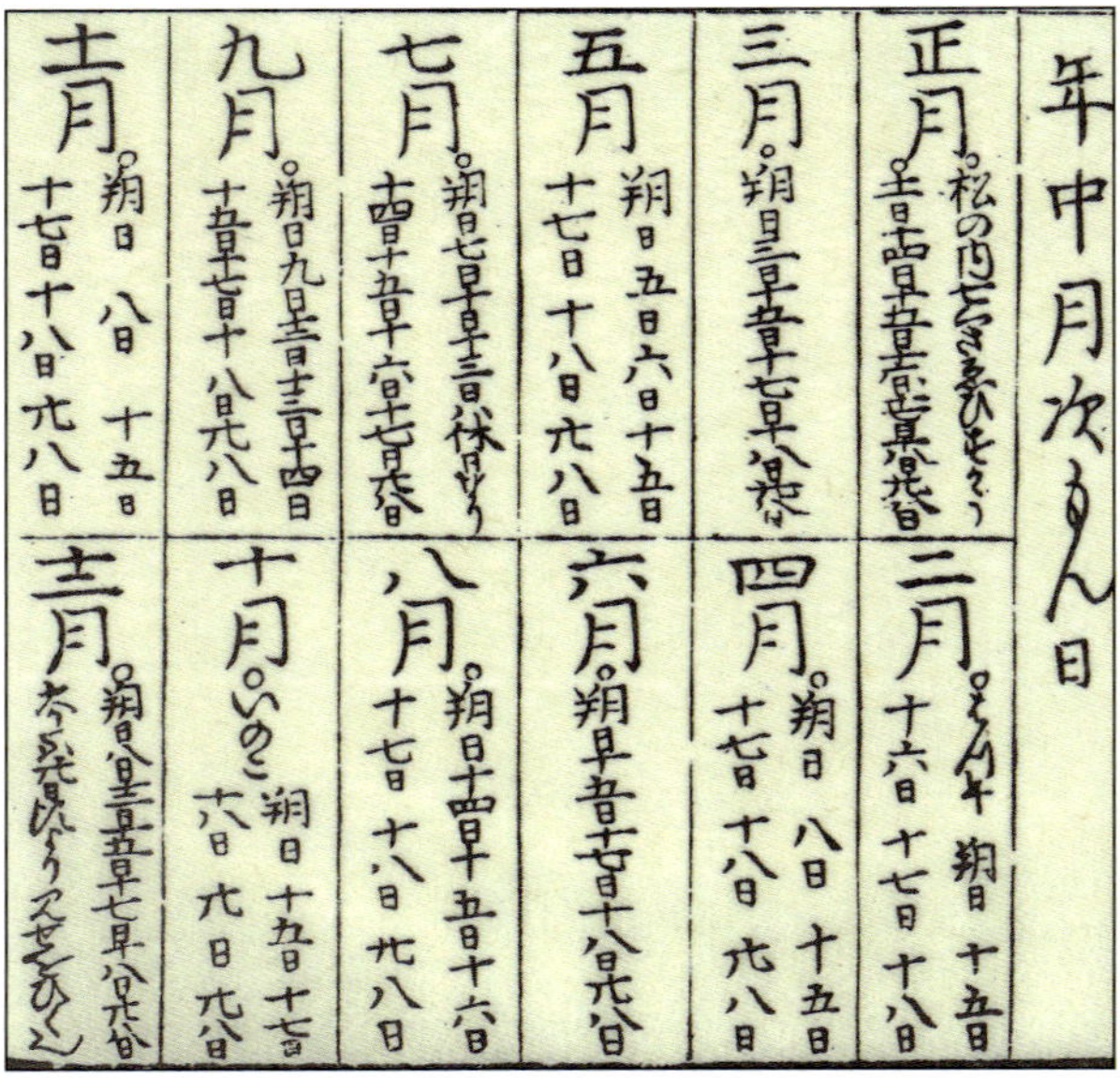
年中月次もん日
正月 松の内
三月 朔日
五月 朔日 五日 六日 十五日 十七日 十八日 廿八日
七月 朔日
九月 朔日 九日
十一月 朔日 八日 十五日 十七日 十八日 廿八日
二月
四月 朔日 八日 十五日 十七日 十八日 廿八日
六月 朔日
八月 朔日
十月 朔日
十二月 朔日

にかなり日数を減らしましたが、女郎たちをかなり苦しめたようです。

◆惣直仮其外合印

細見の紋日の一覧とセットで掲載されているのが、女郎の揚代を表す印の一覧表です。

「太夫」「格子」というのは、京の島原の伝統を引き継いだランクですが、蔦重が細見に関わる時代には使われなくなった名称です。

いつの日にか、あの栄華を復活させたいという思いから、載せていたのかもしれません。

なので、一番上位が「さんちゃ」で合印が山二つに点一つです。この「さんちゃ」も蔦重の時代には、「呼出しさんちゃ」と表示されるようになり、さらに「呼出し」だけになりました。

その下に山二つの「座敷持」、山一つの「部屋持」と続きます。同じように個室を持ちながら、その部屋の広

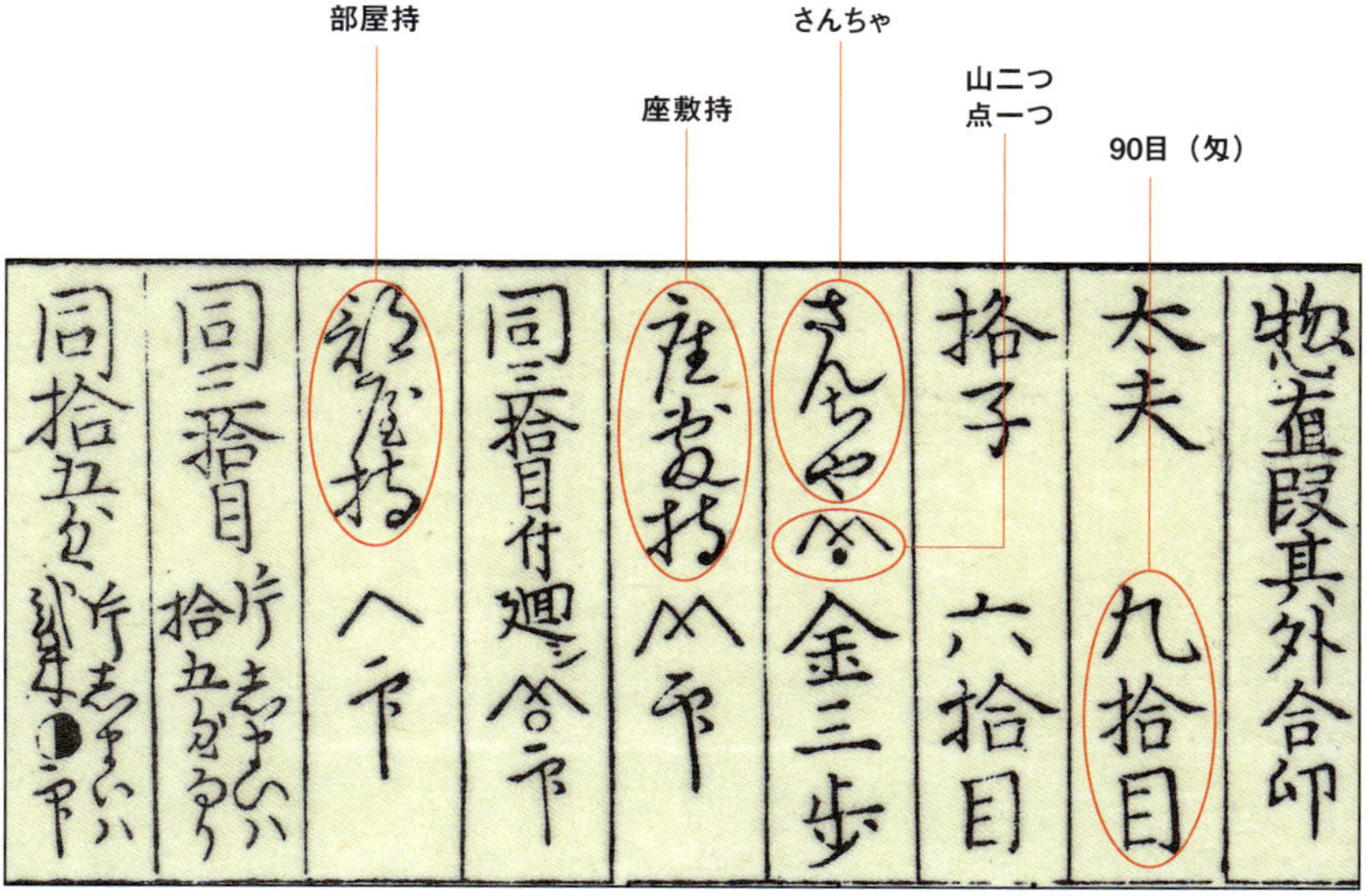

江戸時代に使われた金貨は、1両＝4分＝16朱という単位であったのに対し、銭貨は1両＝60匁でした。

さでランクが決まりました。

この時代には、金と銀の貨幣の使い分けがあり、大変複雑になっています。明瞭会計を目指している割には、複雑です。

日本堤から五十間道の地図

「籬の花」では、吉原全体の地図を省略して、細見全体を地図に見立てたレイアウトにしています。

一頁めで日本堤から五十間道を経《へ》て、一気に大門まで進み、二頁めでそのまま仲の町に進んでいます。

五十間道の両側には茶屋の名前が並んでいます。衣紋坂から見て右側に12軒、左側に13軒あり、その中に「つたや次郎兵衛」と並んで「同本屋蔦屋重三郎」という表示があります。

これは蔦重の店がそれまでの鱗形屋版で「細見改売所」と表示されていたのを、自分が板元になったので、あえて「本屋」としたのでしょう。

引手茶屋

地図の中で、大門口からまっすぐ伸びた大通りが「仲の町」です。そこに面して「引手茶屋《ひきてちゃや》」が並んでいます。

右手側に55軒、左手側に60軒、合わせて115軒の屋号と主人の名前が載っています。

五十間道の地図（『籬の花』を活用／安永4年付近）

① 志ら玉や㐂八（白玉屋喜八）　※白玉屋
② 玉川佐介
③ いせや利兵衛
④ 川さきや　※「嗚呼御江戸」に表記なし
⑤ いへ田や半兵衛
⑥ ゑひや吉兵衛　※「嗚呼御江戸」に表記なし
⑦ てうしや次郎兵衛
⑧ よつめやゐん居
⑨ つたや次郎兵衛
⑩ 本屋重三郎　※自作なので特別扱いか
⑪ 山や小兵衛
⑫ ふぢや清吉
⑬ おく田や平兵衛
⑭ にしきや清次郎
⑮ 中や久七　※「嗚呼御江戸」に表記なし
⑯ 木瓜（もっこう）や三左兵衛
⑰ ちやうちんや利介　※提灯屋
⑱ 若松やゐん居
⑲ ますたや半次郎　※つるべそば
⑳ 神戸や平蔵
㉑ まつはや久兵衛
㉒ いつみや平八
㉓ たたみや五郎兵衛　※畳屋
㉔ ともへやゐん居
㉕ いせやゐん居

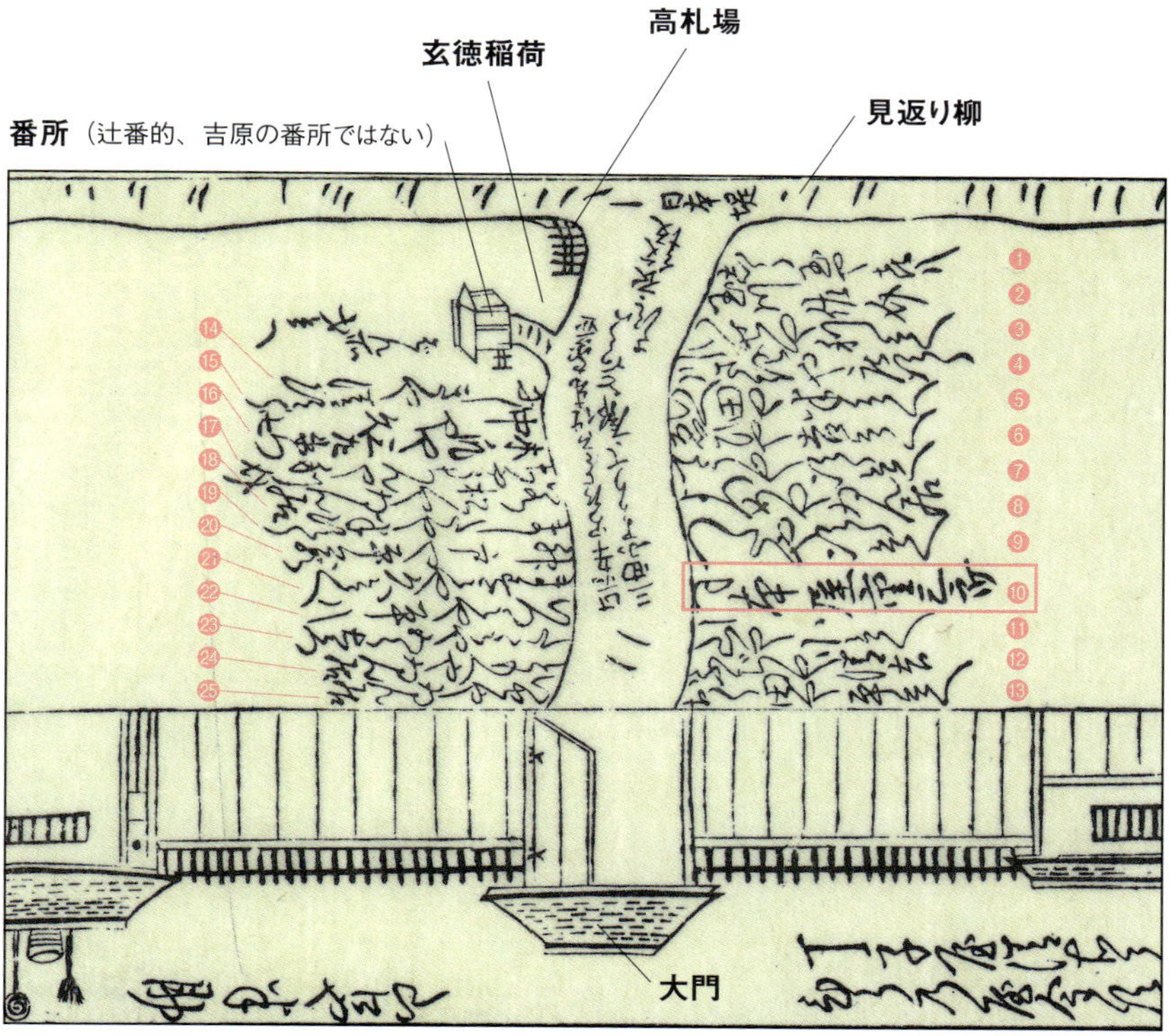

元は編み傘茶屋の茶屋ばかりだが、白玉屋、畳屋、蕎麦屋はある。また、女郎への安価な土産物を扱う小間物屋など。半年作成時期がずれる「嗚呼御江戸」に表記がない店があるように、不景気では閉め切ったままの閉店状態の建物があったことが推測できる。裏には長屋のように共同トイレなどあったと考えられる。

江戸町の通りに入る辺りに「待合《まちあい》の辻《つじ》」という表示があります。これは古い時代に、女郎が馴染み客が来るのを、この辺りの引手茶屋の床几台《しょうぎだい》に、座って待っていたためについた名称です。しかし、蔦重の時代には、女郎が仲の町で客を待つという風習がなくなったので、名前だけです。

この他、仲の町には、魚市場や青物市場の名称がある場所もあります。これは客の来ない午前中に、吉原内で暮らす人や、店のために市場が開かれていたためです。もちろん昼見世の始まる時間には、きれいさっぱり消えています。

◆女郎屋

『江戸町一丁目通り』を真ん中に挟んで、上に「右がハ」下に「左がハ」と別れているのが女郎屋と、そこに在籍している遊女の名前が並んでいます。

100軒近い女郎屋名が記載されていますが、中には

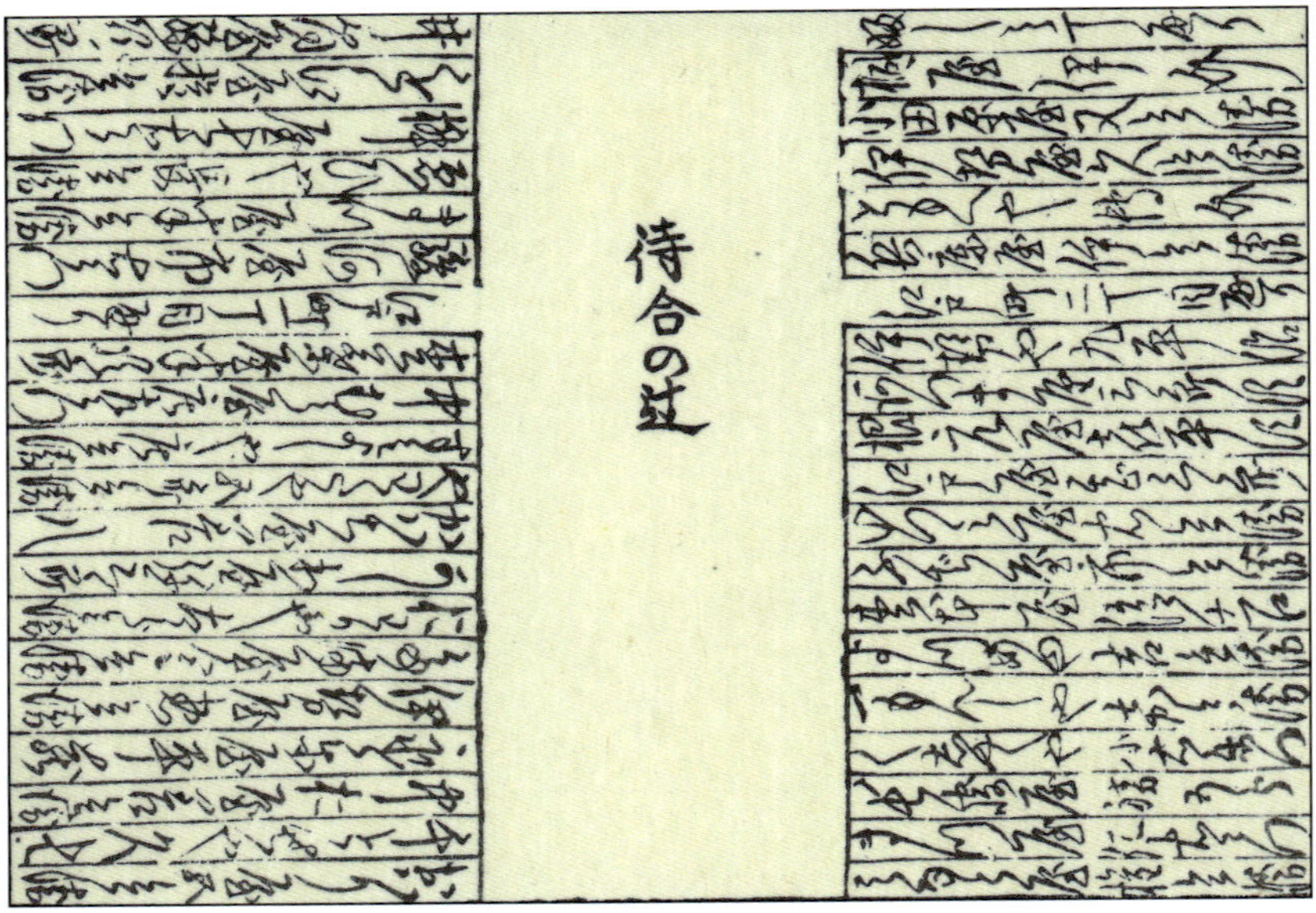

女郎の名前が一人もいない店もあります。これは、なにか事情があって、休業しているようです。

女郎名

女郎は原則、源氏名《げんじな》という源氏物語の巻名にちなんだ名前を付けます。ただ、それだけでは、2000人を超える女郎には足りませんから、和歌などに登場する、それらしい言葉を選んで付けることもあります。

そのため、同時代に同じ名前の女郎がいます。やはり縁起のいい名前や美しい名前は人気があったのでしょう。そのため、女郎名を言うときは「松葉屋の若紫」と告げなければ違う女郎が出てくることもありました。また、以前存在した女郎の名前を復活させて使う場合もありました。中には、同じ店で、同じ名前を継いでいき、「何代目」なんて呼ばれ方をする場合もありました。

細見には女郎以外にも花魁付きの「禿《かむろ》」の名前もひらがな3文字で書き込まれています。これも似たような名

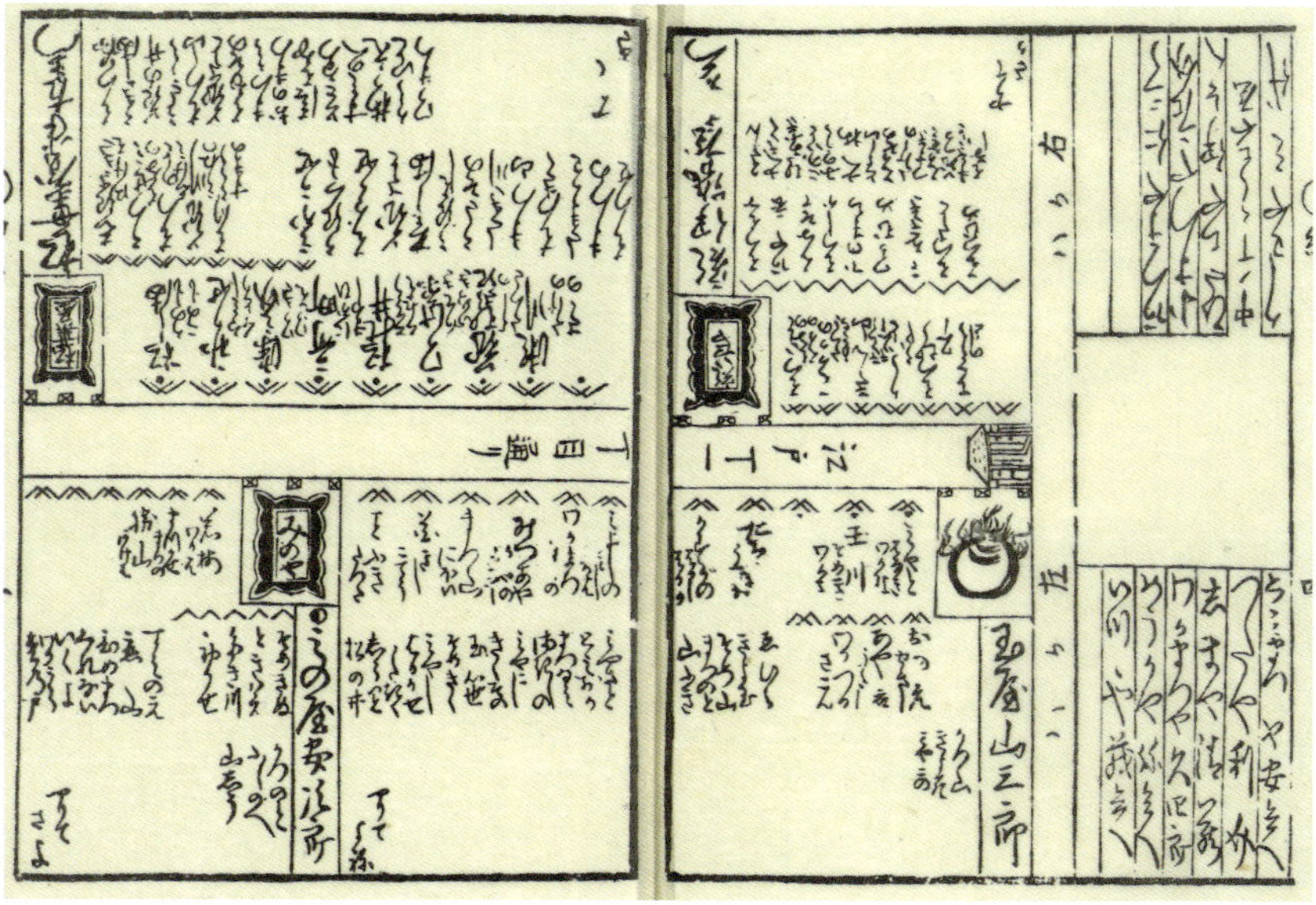

「吉原細見」の中身

前が多く間違いそうですが、数年で女郎名を名乗るまでの仮の名前ということで、愛称のような名前です。

そして、名前の上に、山形と点を打った合印が付いた女郎がいますが、これが女郎のランクと揚代を表す印です。詳細は121ページで。

◆芸者の部

「芸者」は本来楽器の演奏をする男性のことで、舞をする女性は「踊子」と呼ばれていました。

吉原では座敷で女郎が舞を踊っていましたが、蔦重の時代には、女郎が舞をしなくなり、代わりに女性の芸者が踊るようになり、それにともなって楽器も女芸者が演奏するようになりました。そのため、男芸者と女芸者の区別がつかなくなったので、細見ではそれぞれ区別して掲載しました。

男芸者は座を和《なご》ます芸が得意だったので、後《のち》に「幇間・太鼓持ち」と呼ばれるようになります。

また、この一覧に入っていない芸者もいて、各女郎屋に直接在籍をしていましたので、女郎名の下

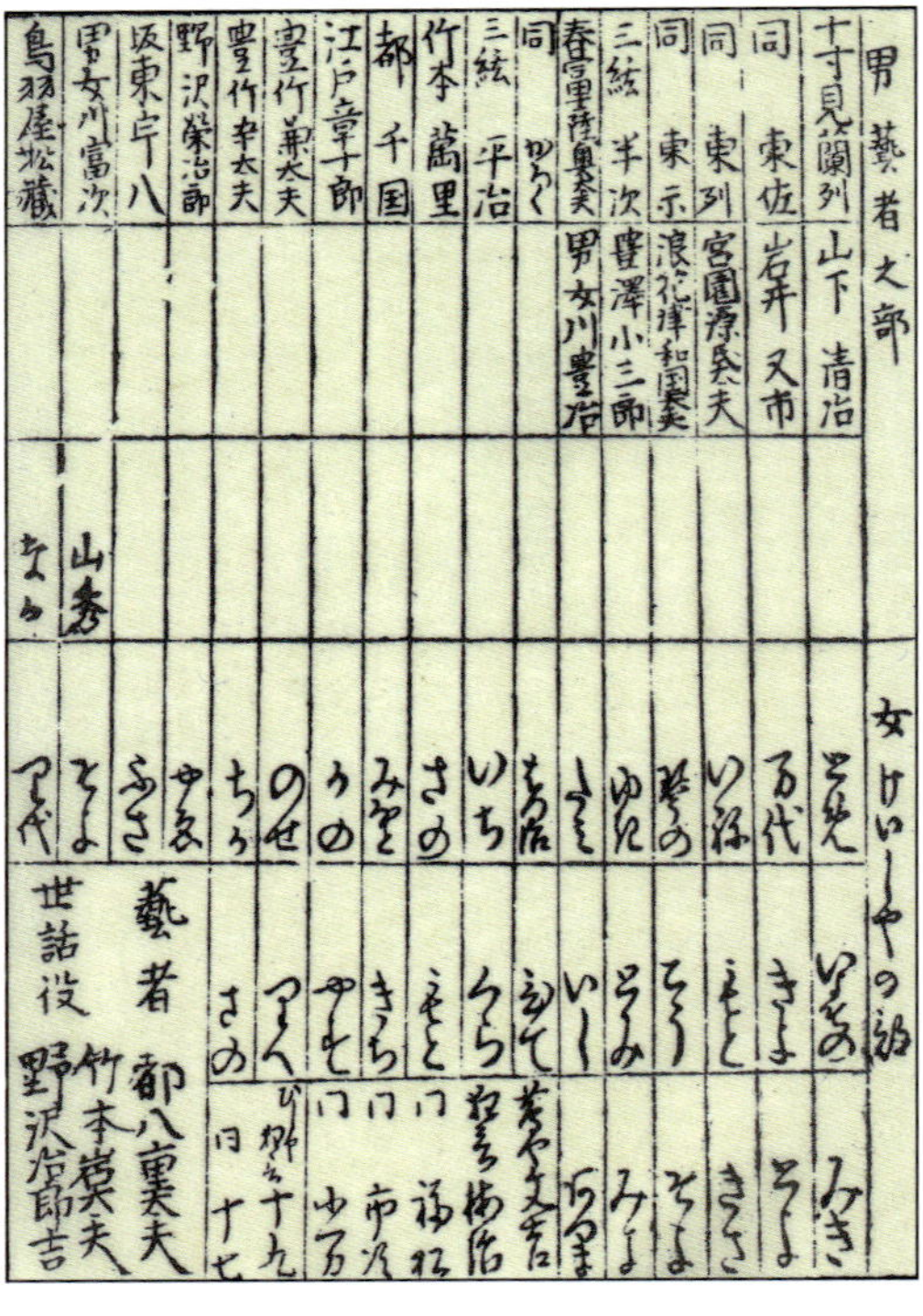

に名前が出ています。

◆船宿

船は、吉原で遊ぶ客にとって大切な交通機関で、船宿に所属していました。そのため、船宿に行けば、船の手配をしてくれたり、不慣れな客には吉原の引手茶屋や女郎屋まで案内してくれました。

吉原に行かない客にも、簡単な料理などを出して、茶屋のようなこともしていました。

◆吉原名物

吉原で売られていた名物を紹介したもので、「つるべそば」や「巻せんべい」などの中に、ちゃっかり「よしわらさいけん」も入れているところが、笑えます。

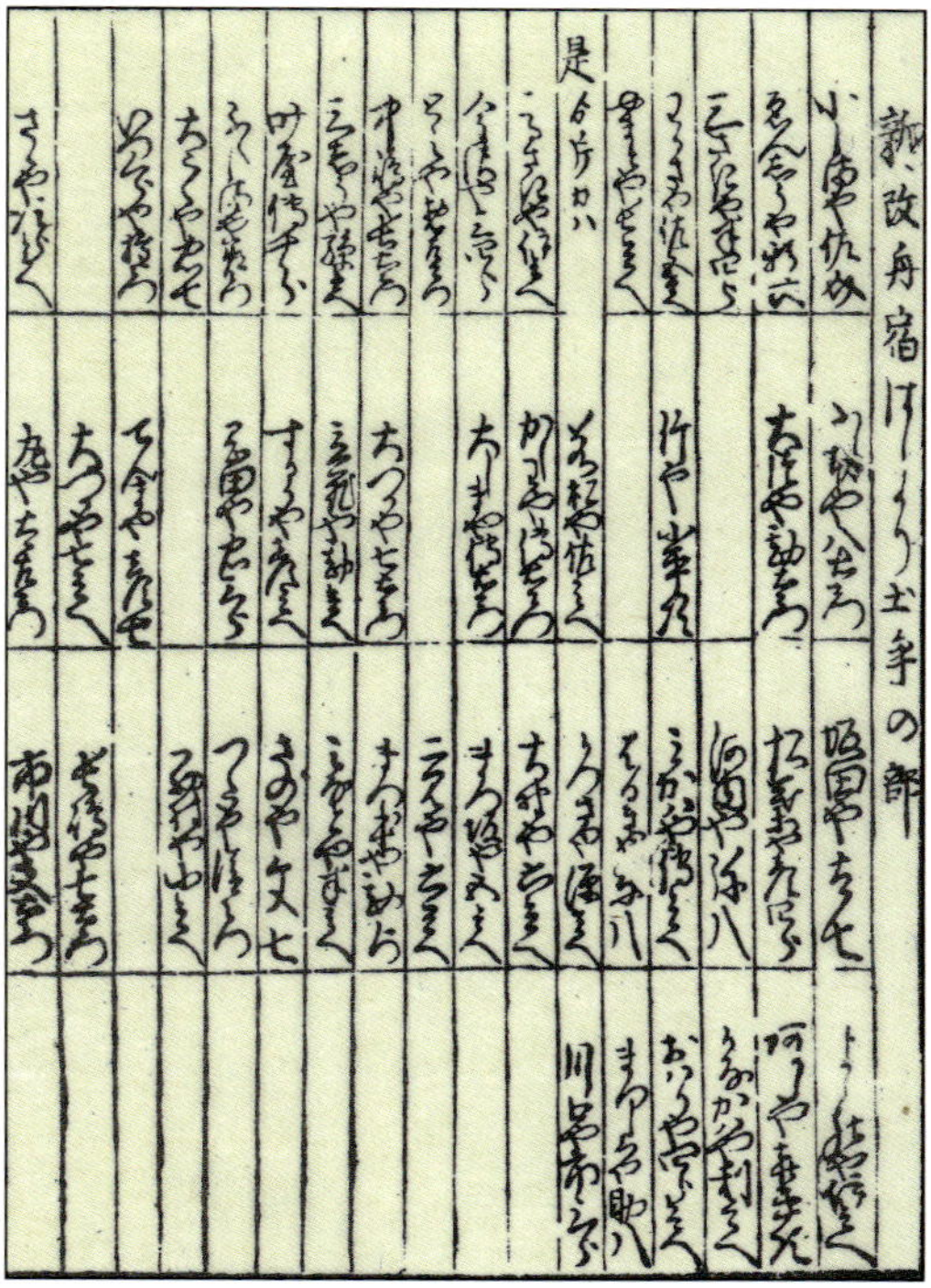

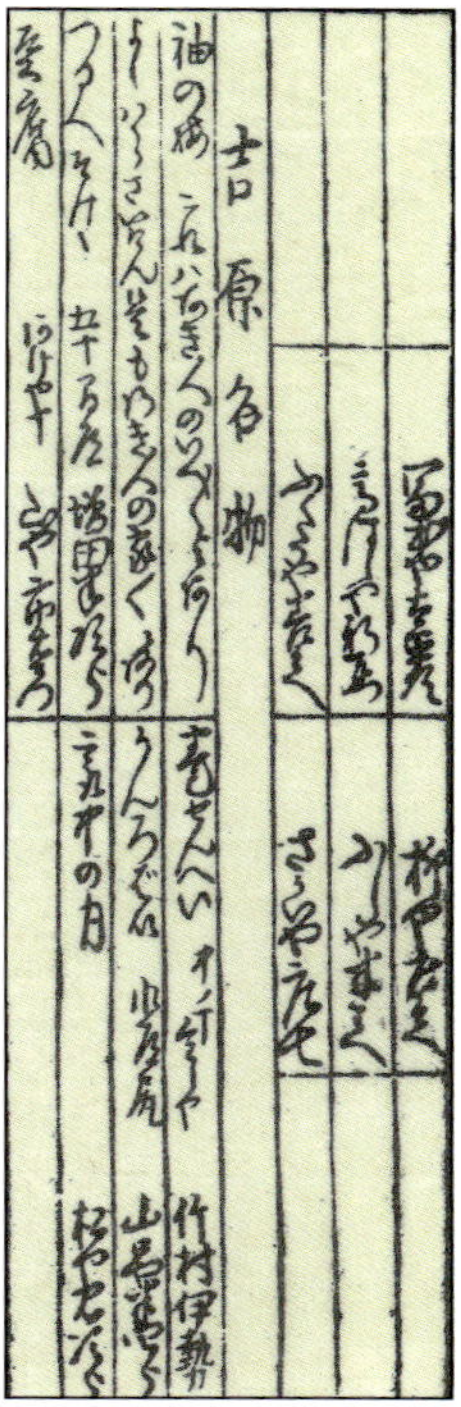

奥付

上の段は、蔦重が細見以外に、本格的な本として刊行した『一目千本』という女郎を草木に例えた絵本の宣伝です。下段は奥付で、「板元　蔦屋重三郎」という文字の大きさから、細見改から板元になった自負が見えます。

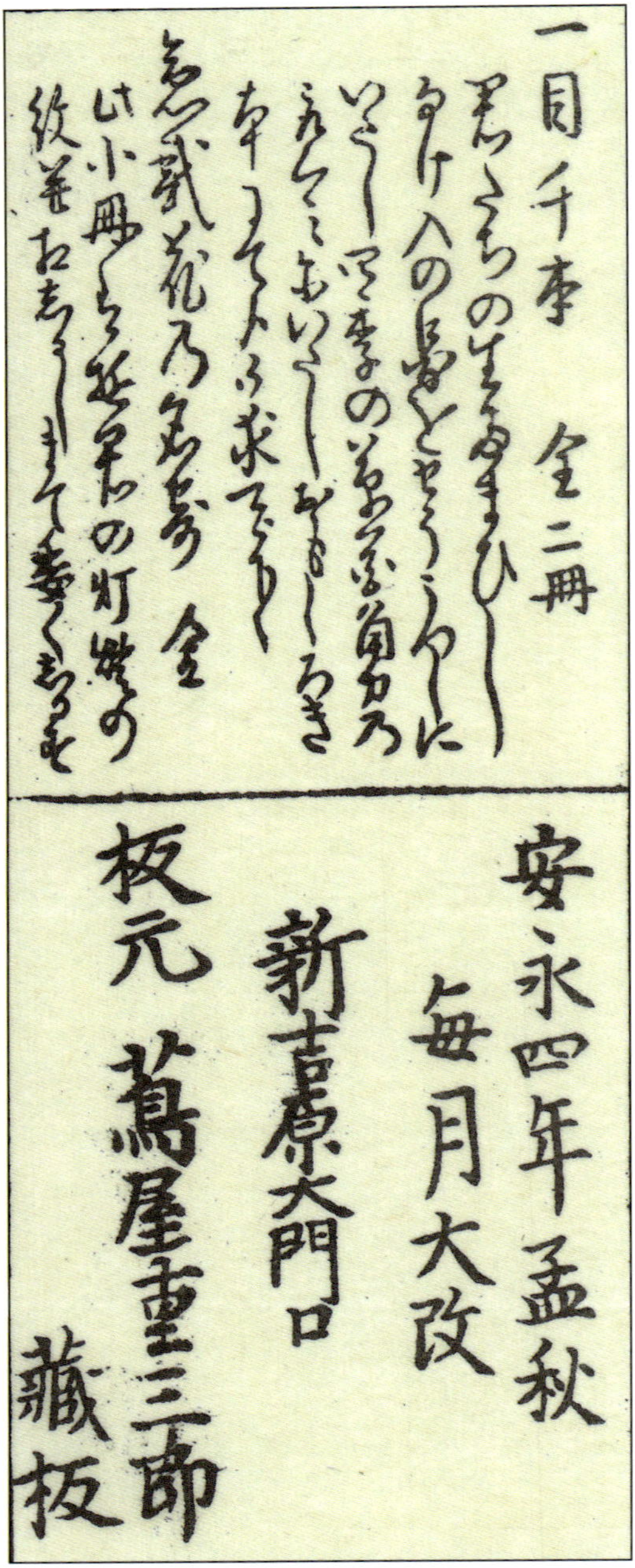

三 細見を元に吉原地図を作る

吉原という町を実際に再現しようと思うと、まず町並みを正しく把握する必要があります。

そこで、正しい寸法を知りたいと思い、正徳元（1711）年に吉原の名主が幕府に提出した「売券（沽券）高」調査に添えられた絵図を参考にしました。幸いにも蔦重が生きた時代まで、この寸法は変わっていません。

さらに、店の並び（現代の住宅地図）のようなものを作成することになりました。これは一応吉原細見には通りごとに店の名前は載っていますが、いちいちページをめくらないと、他の通りのことは分かりません。江戸時代の人は、通りの位置関係などがわかっていたので、これで要は足りていたのでしょう。

これは過去の吉原研究者たちにも言えることだったらしく、誰も店名入りの地図を作成した者はいません。なぜなら、あまりにも作業が大変なわりには、吉原の歴史を研究するうえでは、小さな通過点の一つに過ぎないからです。

しかし、大河ドラマ『べらぼう』を制作するにあたり、蔦屋重三郎の生きた時代の吉原を再現するために、スタッフにとって絶対に欲しい資料でした。そこで、演出の小谷高義さんがこの町並みの再現に果敢に挑んだのです。これは長年吉原を映像にしてきた私にとっても、べらぼうな噺で、正直どうなることかと思いました。

作業は、まず細見をばらばらにして、それを通りごとにパズルのように並べれば、町の骨格が見えてきます。

そこで、選んだのが、蔦重が初めて板元として安永四（1775）年秋に刊行した『籬の花』です。蔦重が細見改めをしていた鱗形屋の細見に比べて、ページ数を少なくするために、店名の文字を小さくし、女郎屋の配置を通りを挟んで向かい合わせにしたため、従来の細見の半分のページになり、薄くなりました。

これは再現する者にとっても有難いことで、パズルの駒が少なくなるのです。これを全部机の上に広げて、まずは町の概要を探り、その後、通りごとに、店の名前と主人名を確認していくつもりでした。

各ページを画像に取り込んで、大まかに並べてみたのですが、どうやら、文字が正しく読めていないため、小さな通り（河岸）などが変な所に並んでいます。

そこで、文字を愚直に読むことから始めました。ただこれがかなり大変で、まず文字が小さいので、画像に取り込んで拡大をして読もうとしましたが、江戸特有の崩し字の連続で行き詰まりました。そこで、AIを使って解読をする最新の技術を試みましたが、まだAIの学習が足りないらしく、誤字ばかりが出ます。

そこで、最後は吉原風俗考証の私が「くずし字辞典」を片手にアナログで解読して、すべての店名と主人の名を並べることができました。ここはまだAIより経験のほうが優っているようです。

こうして世にもまれなる吉原の店舗地図が完成したのです。この地図は、美術セットの設計デザインの基本資料になり、ほぼリアルな吉原の町並みが再現することができました。

またドラマに登場する引手茶屋や女郎屋の位置関係がわかり、動きを決める参考になりました。さらに、湯屋やきのじ屋の位置関係も分かったので、仲の町を行きかう人々のスムーズな動きにも繋がりました。

この地図がなかったら、部分は描けても、吉原全体を描くことはできなかったでしょう。なお、本書巻末にはこの再現した吉原全体の地図を収録しました。

まだ部分的には不明な箇所もあり、完全版とはいえません。しかも半年ごとに女郎屋や女郎の入れ替わりがあるので、あくまで改めをした安永4年の春の状態です。ドラマはその後も進行しますので、このまま使えるわけではありませんが、一部修正しながら、使い続けました。

また、本書巻末の「蔦屋重三郎年譜」もリサーチ担当の木口志帆さんが本書のために作成してくださいました。

こうしてスタッフがそれぞれ蔦屋重三郎のことや生きた時代を学んで『べらぼう』は出来上がっていくのだなと実感しました。

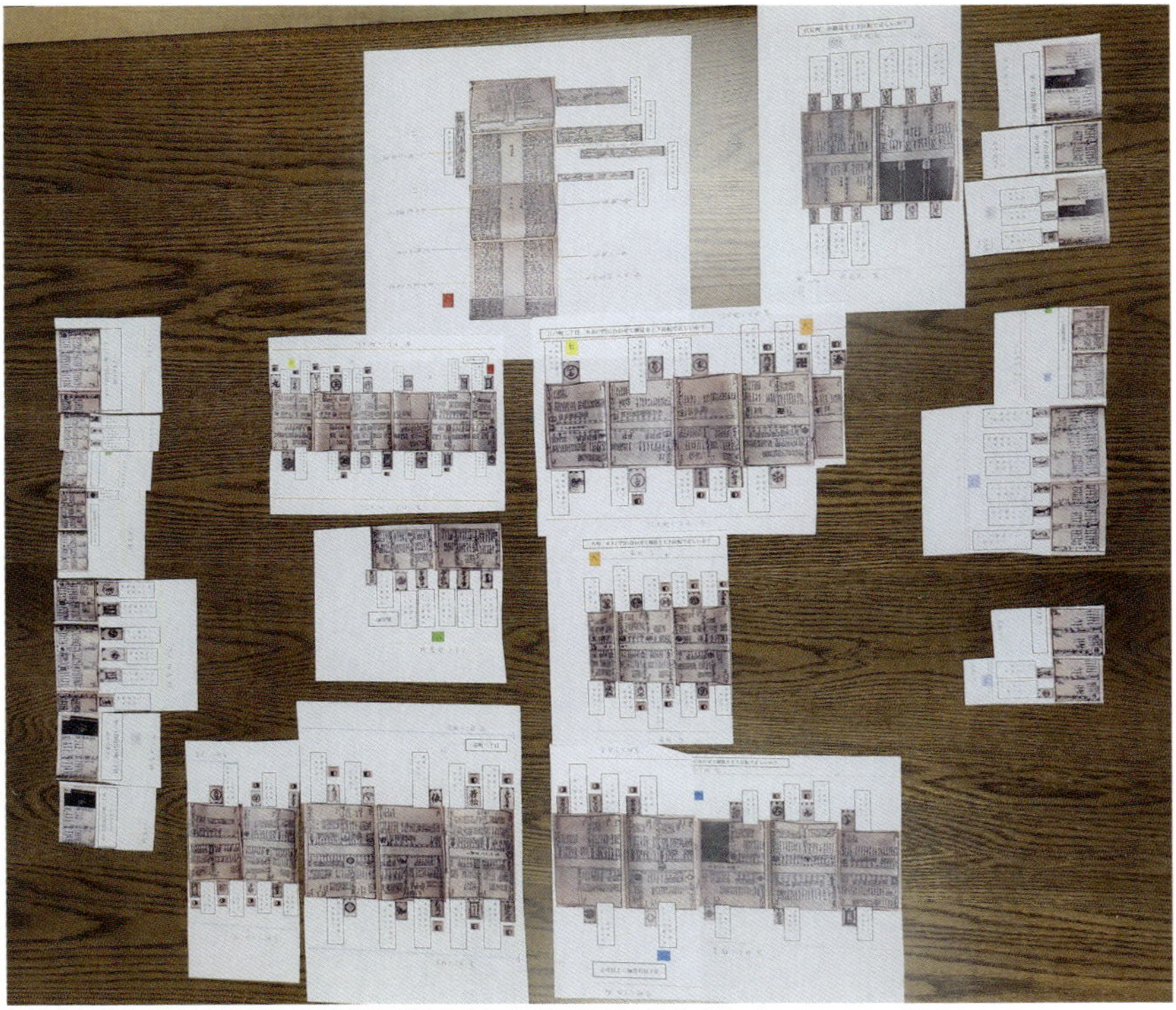

吉原噺 肆

吉原の内部を探索

一、五十間道
二、大門
三、仲の町と引手茶屋
四、女郎屋
五、女郎屋の内部
六、宴会料理のきのじや
七、吉原の一日

江戸最盛期には約3000人もの遊女が在籍していた吉原遊廓。遊郭の周りはお歯黒ドブと呼ばれる堀で囲まれ、出入り口はこの吉原大門の一か所のみでした。この日常と隔たりがあった吉原内部には独特な風習や施設がありました。本章では吉原の内部を案内していきます。

一 五十間道

五十間道《ごじっけんみち》は、長さが五十間（90メートル）あることから「五十間道」と呼ばれたS字に曲がった道です。このカーブは衣紋坂の上から大門、そして廓《くるわ》の中が見通せないようにするためにわざと曲げたと言われています。

道の両脇には客が待ち合わせに使った編笠茶屋《あみがさぢゃや》が並んでいました。江戸時代前期に武士が素顔のまま入るのは体裁が悪いというので、笠を被る人が多かったため、その笠を貸し出したことから、この名称がついたといわれています。その後、武士も素顔で行くようになったので、笠の貸し出しはほとんどなくなりましたが、帰りがけに雨が降り出したときに雨傘を売る商売もあったようです。

蔦屋重三郎が最初に貸本業を始めたのが、ここ五十間道でした。当時（明和～安永年間・１７６５～１７８１）に

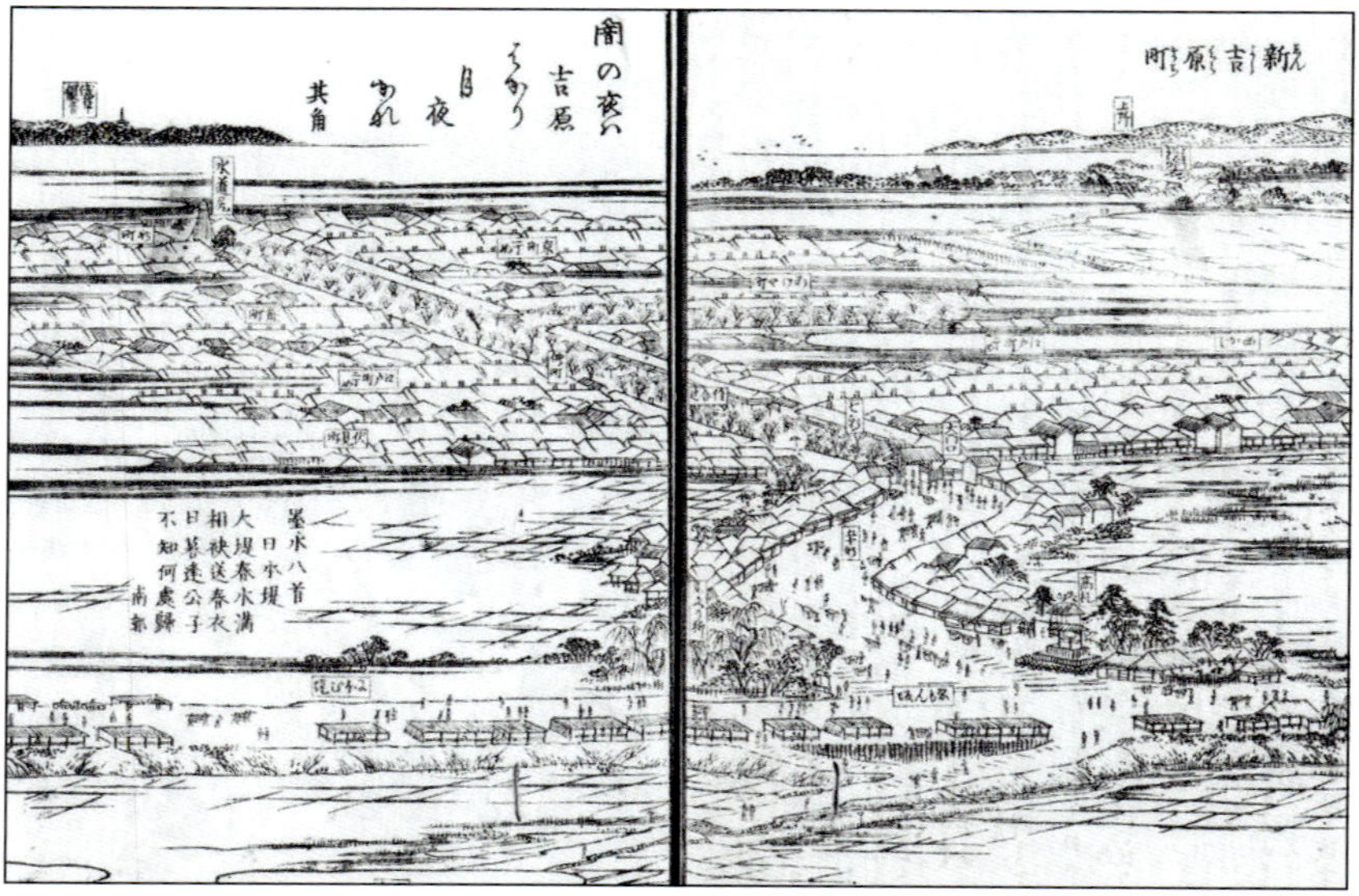

江戸名所図解 新吉原町 天保5・7年（1834・1836）年

は、編み笠を借りる武士もいなくなり、商売の中心は吉原内の引手茶屋や女郎屋を紹介する観光案内所のような引手に仕事が変わっていきました。

客の中には、自前の衣装では何かとまずい人、例えば僧侶が医者に変装したり、大店《おおだな》の手代《てだい》が店のお仕着せの着物を脱いで、どこかの若旦那風の衣装に着替えたり、時には田舎から出て来た人が江戸風の衣装に着替え

五十間道編笠茶屋『絵本江戸土産』(宝暦)
店先に笠がぶら下げてある。

銀世界東十二景 新吉原雪の朝 広重

大門北里歌 明和 磯田胡竜斎画

たりするのにその場所を提供し、荷物を預かる仕事もしていました。

しかし、それだけでは倒産する店も出てくるというので、吉原の会所に頼み込んで、「女切手」の発行という業務を委託してもらいました。これは吉原が女郎の逃亡を防ぐために、女性の大門出入りを厳しく制限していましたので、どうしても用事や商売で出入りしたい女性に対して、特別に許可の書類「**通行切手**」の発行していたのです。日常出入りする者には木札にしていました。それを大門内にある四郎兵衛会所ではなく、事前に大門の外にある五十間道の茶屋で発行するようにしたのです。そのため別名「切手茶屋」とも呼ばれました。

切手の発行は、一カ月一軒につき、大の月は39枚、小の月は29枚、四郎兵衛会所の割印を押した紙をあらかじめ茶屋に渡しておきました。もちろん、女の素性や行先などを確認して発行しますが、そのとき手間賃を徴収できるので、それが店の売り上げになったのです。

さて、ここで忘れてはいけないのが、蔦屋重三郎が貸本業をしながら、売っていたのが「吉原細見」です。

吉原を紹介したガイドブックのようなものですが、そこには吉原で遊ぶためのいろいろな情報が書いてありました。ここで一冊買って、事前勉強をしたほうが安心して楽しめるというので、かなり売れたようです。吉原に行っ

通行切手

吉原の大門には四郎兵衛会所という小屋があり、番人が常駐し、女性の出入りを監視していた。女郎はあらかじめ茶屋で通行書となる切手を手に入れ、大門を通る際には四郎兵衛会所の番人に見せなければならなかった。切手を持っていない女性は大門から外に出ることができなかったのである。

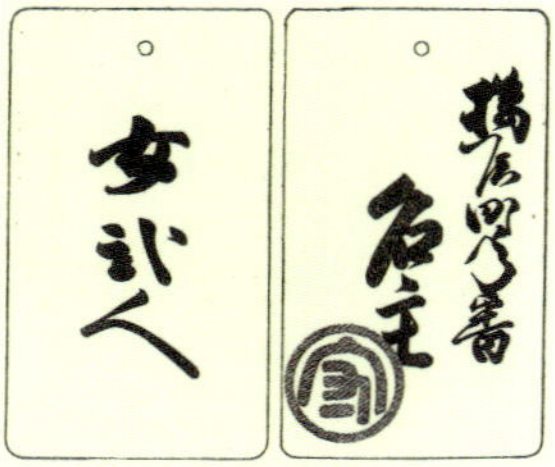

木札の大門切手

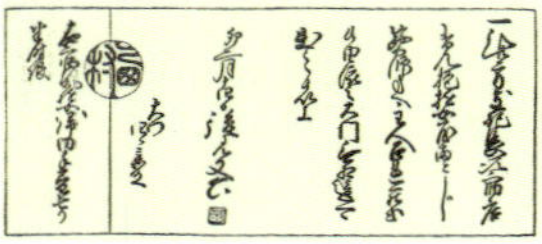

女郎出入切手

た記念に土産《みやげ》として買う人もいたので、安価ながら堅い商品でした。

中には客の希望に合わせて、吉原の引手茶屋《ひきてぢゃや》や女郎屋紹介をするという業務もしていました。客の心理として、吉原の中でまごまごして、不慣れな田舎者に見られることを避けたいので、大門を潜《くぐ》る前の情報収集は大変重要だったのです。そのため、五十間道の茶屋の人たちは、超がつくくらい吉原内部のことに詳しく、「観光案内所」のような役目も担っていました。

考証の栞

つるべ蕎麦

細見を見ると、蔦重の店の前には、「ますたや半次郎」という名前があります。これは吉原名物の「つるべ蕎麦」の店です。この蕎麦は評判ようで、安永4年に大名の隠居だった柳沢信鴻（柳沢吉保の孫）も食べたと日記に書いています。さらに白玉団子も食べたというのですから、信鴻公はかなり吉原好きの通人だったようです。ちなみに信鴻公の日記には、芝居見物で食べた料理の記載もあってなかなかのグルメです。

『べらぼう』でも、つるべ蕎麦は度々登場します。店だけではなく、蒸籠を高く積んで出前をしている人もいます。これは、吉原ではお祝い事のご祝儀に、蕎麦を贈り合うという風習があったので、登場してもらいました。

蔦重の時代の蕎麦には、蒸籠とかけ、両方がありました。

左：浅草の蕎麦屋 文政5年『金草鞋』15編より
右：「夜具の敷初めの祝」に出前された蒸籠そば。『青楼年中行事』歌川歌麿画享和4年

二 大門

五十間道を過ぎると、いよいよ「大門《おおもん》」と呼ばれる吉原の入口に到着します。「おおもん」とは廓発祥の地である関西の呼び名を踏襲したものです。江戸にはもう一つ将軍家の菩提寺である芝の増上寺《ぞうじょうじ》の総門を「大門」と書きますが、こちらは「だいもん」と呼びます。

さて、いよいよ大門を潜りますが、大門の構造は左右に一本ずつ柱を立てた冠木門ですが、蔦重の時代にはその上に屋根がのせてありました。

大門の開閉は、朝は明け六ツ（6時頃）、夜は四ツ（22時頃）と決まっていましたが、九ツ（24時頃）までは門の脇にある袖門から自由に出入りできました。

大門を入ると、すぐに右側に会所、左側に番所があ

浮絵新吉原之図 鳥居清満画 西村屋（明和～安永）

ります。会所は通称「四郎兵衛会所」と呼ばれています。これは初代の番人の名前から呼ばれるようになったという説がありますが、詳細は不明です。会所は吉原の自治組織の組合事務所のようなもので、昼間は各町から雇われた書役が二人ずつ事務をとり、やはり各町から雇われた番人が昼夜二人ずつ交代で門の出入りを見

考証の栞

大門の木札

吉原の大門付近を描いた錦絵を見ると、大門の横木に木札のような物が打ち付けてあるのか、ぶら下がっているのは判別が尽きませんが、とにかくたくさんあります。しかも中には何枚も重ねてあるようです。『べらぼう』の美術スタッフから、「これは長屋の木戸口などに打ち付けてある住人の名札と同じく、廓内の店の名前ですか」という質問が出ました。

この札に何が書いてあるのか、拡大して見ても読めません。しかし、江戸時代の風習で考えると、これは神社の祈祷札や護符です。現代も古い町並みが残る土地では、玄関や門の上に、この祈祷札や護符を掲げてある家があります。また地域によっては村境の道に綱を張り、そこにぶら下げている例もあります。

これは一種の結界で、邪悪な者や疫病などが入り込まないようにバリアを張っているのです。

つまり、吉原の唯一の出入り口に、神仏の力で結界を張っているのです。ただ、吉原の人たちはそれぞれいろいろな神仏を信仰していたので、祈祷札や護符の種類も多くなったのでしょう。

張っていました。
寛政《かんせい》年間（1789〜1801年）取り締まりが十分でないというので、各町から一名ずつ増員して、四人交代にしました。これはどうやら天明年間（1781〜1789年）に打ちこわしなどが多発したためと思われます。これはあくまで自営の警備なので、軽犯罪者を捕まえることはできますが、裁くことはできません。そのために大門の左側に、「番所」がありました。

「番所」は大門の内外が見渡せるように窓の表を格子にした造りで別名「面《めん》番所」と呼ばれていました。ただし、この番所を「面番所」と呼ぶようになったのは幕末の頃と思われます。

ここには、町奉行所の与力《よりき》や同心《どうしん》とその配下の岡《おか》っ引《び》きが交代で詰めており、吉原内で犯罪が起きた場合にはすぐに出動しましたが、実際はそんなに大きな事件は起きず、町奉行所の同心にとって、この勤務は閑職だったようです。しかし、毎日の食

浮絵 新吉原夕景図 歌川豊春画（明和〜安永）

事は廓の町費で豪華な会席料理が提供されました。また、五節句には一人千疋《ひき》（6万円）が贈られました。
大門の出入りは、男性は自由に出入りできましたが、女性は原則許可制でした。もちろん、遊女の脱走を防ぐためですが、外から来た女性も入ることはできても、出るときに女人切手がないと出られませんでした。

考証の栞　大門の旗と提灯

大門を描いた錦絵によく登場するのが、「門」という文字を書いた旗や高張提灯です。
『べらぼう』から、この旗や高張提灯を出したいが、いつ出したらいいのかという質問がきました。

この旗が何を意味するのかを解説した研究書は未見です。そこで、「門」の旗や提灯が出てくる絵と出て来ない絵を見比べてみました。

するとそこに見えてきたのは、旗や提灯が出ている絵には人が多く描かれていること。特に客と思われる男性客やそれを迎えている女郎の姿が仲の町の通りを埋め尽くして、まるで祭りのような賑わいなのです。

反対に旗や提灯のない絵は、仲の町の通りを歩く人も少なく、なんとなく日常の風景のような感じです。

吉原には、3月の桜祭り、7月の白菊燈籠、8月の俄などいくつかの祭りがあり、その期間には大勢の客で賑わいます。また、それが以外にも「紋日」という日があって、通常より客を多く迎える日があります。（紋日の説明は94ページ参照）

ただし、紋日は女郎の揚代が2倍になるという決まりがあります。それを知らない客が来て、「今日は紋日だから、女郎の揚代が2倍になる」と知ったとき、悶着が起きないように、あらかじめ、大門に旗や提灯を掲げて、それを知らせていたのではないでしょうか。

この許可書は「女人切手」と呼ばれ、四郎兵衛会所が発行しました。それが蔦重の時代になると、編笠の貸し出しがなくなった五十間道の茶屋の救済策として、この女人切手の発給を委託していました。

そして、大門を入れないのが乗物です。乗物とは大名などの高い身分の人が乗る物で、引き戸の付いた武家用の駕籠《かご》です。後に、庶民のために竹製の乗物ができてこれを「駕籠」と呼び、町場で営業する駕籠を「辻駕籠」と呼びました。本来は武家の乗物を意識して乗物禁止にしたのでしょうが、蔦重の時代には、辻駕籠も増えていたので、同じく禁止しました。例外は医師でしたが、これは高名な医師の多くが乗物に乗っていたので、急な往診を頼む場合の例外です。

あとは蔦重の時代にはほとんどいなくなりましたが、槍や長刀（薙刀）を持ち込んであばれる武士がいたので、その持ち込みも禁止されていました。

さて、これでいよいよ大門を入りました。その正面には「仲の町の通り」と呼ばれた大通りが広がります。

三 仲の町と引手茶屋

大門を入ると、その正面には通称「仲の通り」と呼ばれた「仲の町」の通りが広がります。幅六間（およそ11メートル）長さ二丁（200メートル）の大通りがまっすぐに伸びて、両脇には二階建ての引手茶屋が並んでいます。どの茶屋も間口に大小はありますが、共通して軒先に上げ縁の床几台《しょうぎだい》が出ていて、その上から簾《すだれ》を降ろしています。入口の柱に屋号を書いた掛行灯がかけてあり、その横に半坪ぐらいの土間があって、そこに屋号を染め抜いた暖簾が下がっています。

細見で数えてみると、年により変動はありますが、左右にそれぞれ40軒ずつあったようです。合わせて80軒ですから、競争は激しく、通りの突き当たり水道尻のほうに行くと、閉店している店もあります。

元々仲の町が引手茶屋一色だったわけではなく、吉原に揚屋制度があった時代には、客の世話は揚屋がしていたので、引手茶屋はそんなに多くなかったのです。その揚屋が宝暦の末頃に廃絶になったため、その代わりをする引

「新吉原春景図屏風」歌川豊春画

手茶屋が多くなり、表通りである仲の町の通りに並ぶようになったのです。

引手茶屋は、吉原を訪れた裕福な客のほとんどが最初にお世話になるところです。ここで、女郎の好みを伝え、時には指名します。それから、どの程度の宴会をするかの相談をします。芸者を呼ぶのか、男芸者（幇間《ほうかん》）を呼ぶのか、料理はどのクラスを注文するのか。吉原ならではのしきたりに沿って、詳細を相談します。もちろん、かかる費用と客が持っている金額が釣り合うのかが一番大事な相談です。

これら諸々が決まれば、あとはすべて引手茶屋が、手配してくれるので、客はどんと構えていればいいのです。

もし、呼び出しクラスの花魁《おいらん》を指名したのなら、花魁が支度をして迎えに来るまで、引手茶屋の座敷で、宴会をして指名した女郎が来るまで待ちます。

このとき、花魁が引手茶屋に迎えに行くことを、「花魁道中」と言います。道中は引手茶屋に行くのと女郎

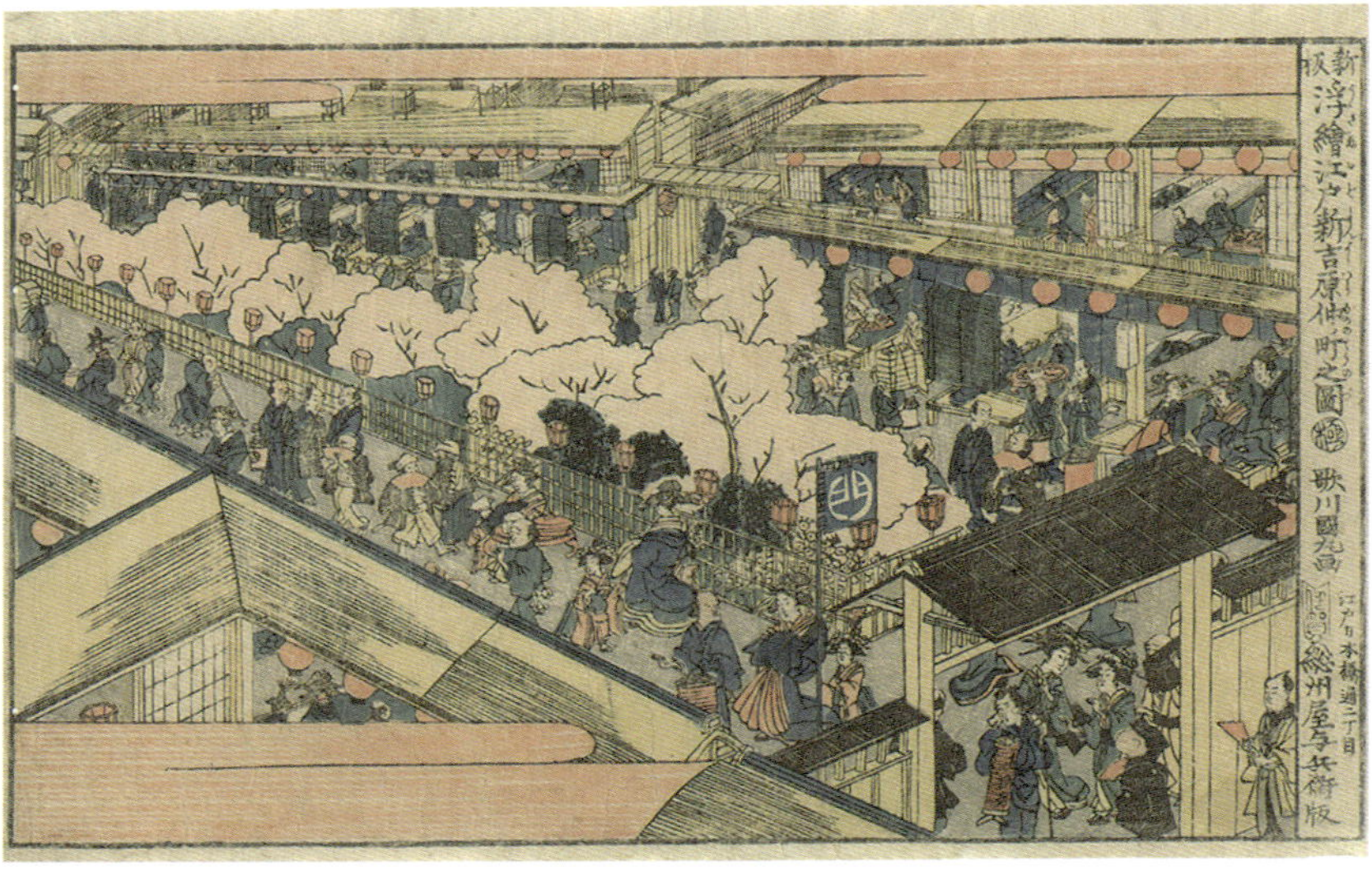

新版 浮絵江戸新吉原仲町之図 歌川国丸画 総州屋版（文化〜文政）

屋に帰るのとの往復があります。これが行き交うのが仲の町の通りです。夜見世の始まる夕暮れどき、仲の町の通りで待っていれば、有名な花魁の姿を見ることができます。そのため、それを目当てに来る見物人もいます。

指名した女郎が座敷持ちクラス以下の場合は、引手茶屋の若衆《わかいし》が、女郎屋まで案内してくれます。

さらにこの仲の町の通りでは、季節ごとにいろいろな催し物をして、いつもは来ない客を呼び込み、日頃は来ない一般の女性客まで来て、お祭り広場と化すのです。

催し物の詳しいことは、174ページ〜で解説しましょう。

この仲の町の通りは、大通りというだけでなく、イベント広場という役目もありました。

「風流浮絵新吉原之図」初代歌川広重画（天明）
左の大門内側からすぐに引手茶屋が並んでいる。真ん中の建物の左の先は伏見町への通り、建物右の先は江戸町二丁目の通り木戸と通り。大門の脇の瓦屋根が同心と岡っ引きが待機している「面番所」。

考証の栞　消滅した揚屋

蔦重が生まれた宝暦の頃、吉原に大きな変動がありました。それまで、女郎の最高位だった「太夫」「格子」というランクがなくなり、それを案内をしていた「揚屋」が消滅したのです。

揚屋というのは、太夫や格子という上級の女郎と遊びたい場合、必ず揚屋に上がり、ここから女郎屋に呼出しをかけなければなりませんでした。

そのとき、揚屋は女郎屋に女郎の名前と、客の名前および素性を書いた「揚屋差紙」を送りました。

それが届くと、太夫や格子は、禿を引き連れて揚屋に行きます。これが元吉原の時代、揚屋が五丁町に散らばっていたので、ときに京町から江戸町に行くというので、まるで旅に行くようだとして「道中」と呼び。のちに「花魁道中」と呼ぶようになりました。

呼ばれた太夫や格子は、女郎屋に戻らずに、揚屋での宴会に参加し、客との床も揚屋で行いました。そのため、布団は女郎屋からわざわざ運んだと言われています。

元吉原で五丁町に散らばっていた揚屋は新吉原移転のとき、一か所にまとめられて、「揚屋町」を作りました。宝永47（「1707」年には11軒ありましたが、蔦重が11歳になった宝暦10（1760）年に、最後の揚屋尾張屋が廃業したのです。それと時を同じくして細見から大夫や格子の名前の記載もなくなりました。

廃業の理由は、太夫や格子の揚代や、揚屋での遊興の費用が高額になり、それを払える客が少なくなったためです。それまで大名や豪商と呼ばれる客たちがメインだった吉原が、この時期から大衆化が進んだともいえます。

その代りに増えたのが引手茶屋です。それまで下級女郎だった「散茶女郎」を紹介して女郎屋に直接送るのが業務だったのが、揚屋がなくなると、その代わりもするようになり、軒数も増えていきました。

四 女郎屋

吉原の主役は女郎たちです。それを目当てに遠くからも大勢の客が来ます。そんな女郎を囲っているのが、女郎屋です。

蔦重が初めて板元として出した安永4（1775）年の細見「籬《まがき》の花」に掲載されている女郎屋を数えると、五丁町と言われた江戸町一丁目に15軒、同二丁目に11軒、角町に12軒、京町一丁目に13軒、同二丁目10軒、ここまでの61軒が、「大見世」「中見世」「小見世」と言われ、二階建てで、表の太い格子に紅殻《べにがら》を塗っていました。

在籍する女郎の人数も、大見世では40人以上、中見世でも30人以上、小見世で20人が在籍しています。

ここからは「河岸見世」と呼ばれた最下級の女郎屋です。江戸町一丁目の河岸10軒、揚屋町河岸12軒、角町河岸4軒、

新吉原 夜見世之風景 歌川豊春画

江戸新吉原八朔白無垢図」歌川国貞画

夜中の吉原 歌川国貞（天保頃）
大戸を降ろしているが、2階の窓を開けて、通りの男性と話をしている遊女。

江戸二丁目河岸2軒。

西側のお歯黒どぶ側を西河岸と呼び、特に揚屋町付近を「浄念河岸《じょうねんかし》」といいます。反対の東側を河岸通りと呼び、京町二丁目付近を「羅生門河岸《らしょうもんかし》」と呼んでいました。「河岸見世」は、間口は四間以下の小規模な見世で、在籍する女郎は多くても10人くらいです。

伏見町は寛文《かんぶん》8（1668）年に江戸市中で隠れて営業していた女郎を警動（検挙）して、吉原に収容したときに、江戸町二丁目の端に新設した町です。そのため伏見町にある9軒は、「**局見世**《つぼみせ》」と呼ばれた最下層の見世で、建物は長屋で、間口四尺（1・2メートル）ごとに部屋があり、女郎はそこに客を誘います。

すべて合わせて98軒。女郎屋としてはだいたい100軒くらいと目算しておくといいでしょう。

ただし、これで全部かというと、どうも違うようで、細見を見るだけで、毎回黒塗りにされた見世や、白く枠だけ残った枡など、閉店した見世もありますし、反対に新しく開店をして、名前を載せた見世もあります。中には、吉原内で移転した見世もあります。そして河岸見世は、元々掲載されていなかったのですが。蔦重が河岸見世も同じ吉原なのだから宣伝したほうがいいと考えて掲載するようにしました。しかし、どうも全部調べ尽くせなかった

局見世
江戸時代における最下級の女郎屋。店が5〜8軒の長屋形式であった。切見世（きりみせ）とも呼ばれた。

河岸見世「東都新吉原一覧」二代歌川広重画（万延）（一部）

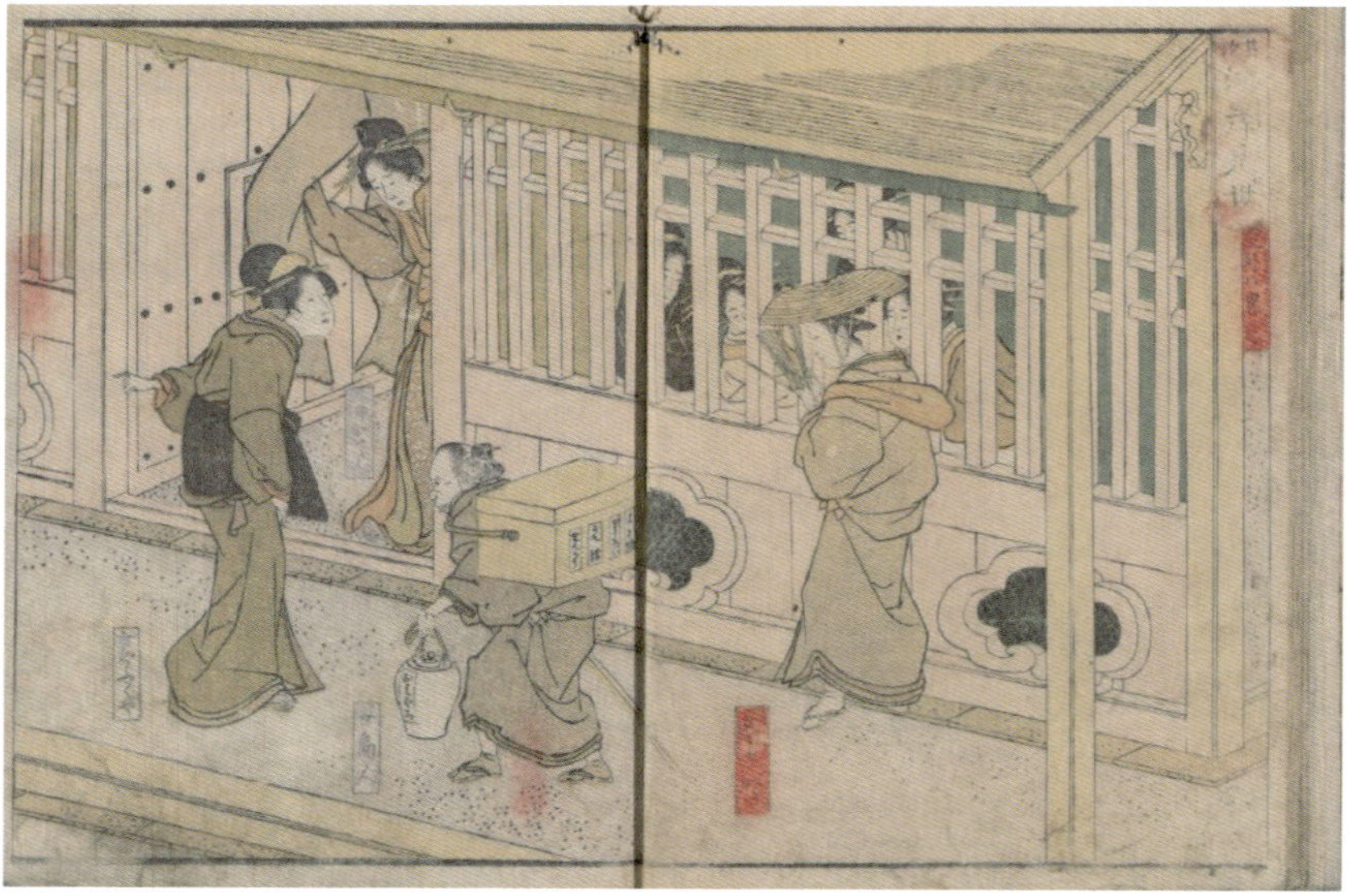

河岸見世 歌川豊国「絵本時世粧」
お歯黒どぶに沿って、東西の河岸にあったところから「河岸見世」という。小格子（こごうし）。切見世（きりみせ）。百文見世とも呼ばれた。

のか、掲載していない河岸見世もあるようです。

さて、五丁の通りには、それぞれ両側に女郎屋が並んでいます。時代によりますが、女郎屋が廃業したあとに、ほかの商売が入り込んでいる場合もありますが、基本女郎屋街です。

吉原の敷地は基本的に、奥行きは同じなので、建物の大きさは通りに面した間口の幅で決まります。

考証の栞

河岸見世の名前

河岸見世の中には独特の名前もありました。西河岸を「浄念河岸」というのは俵屋伝右衛門の隠居で橘浄念という人が、この西河岸を作ったからだそうです。本来あった溝の幅五間を埋め立てて三間にした功績でしょうか。

吉原は幕府からあてがわれた土地以外に広げることはできなかったとはいえ、苦肉の策です。

東側の「羅生門河岸」は客の袖を強引に引っ張って捕らえたことから、平安時代の武将・渡辺綱が京の一条戻橋で鬼女の腕を切り取ったという故事に由来しているといいます。

女郎だって一生懸命に営業しているのですから、許してやってほしいです。

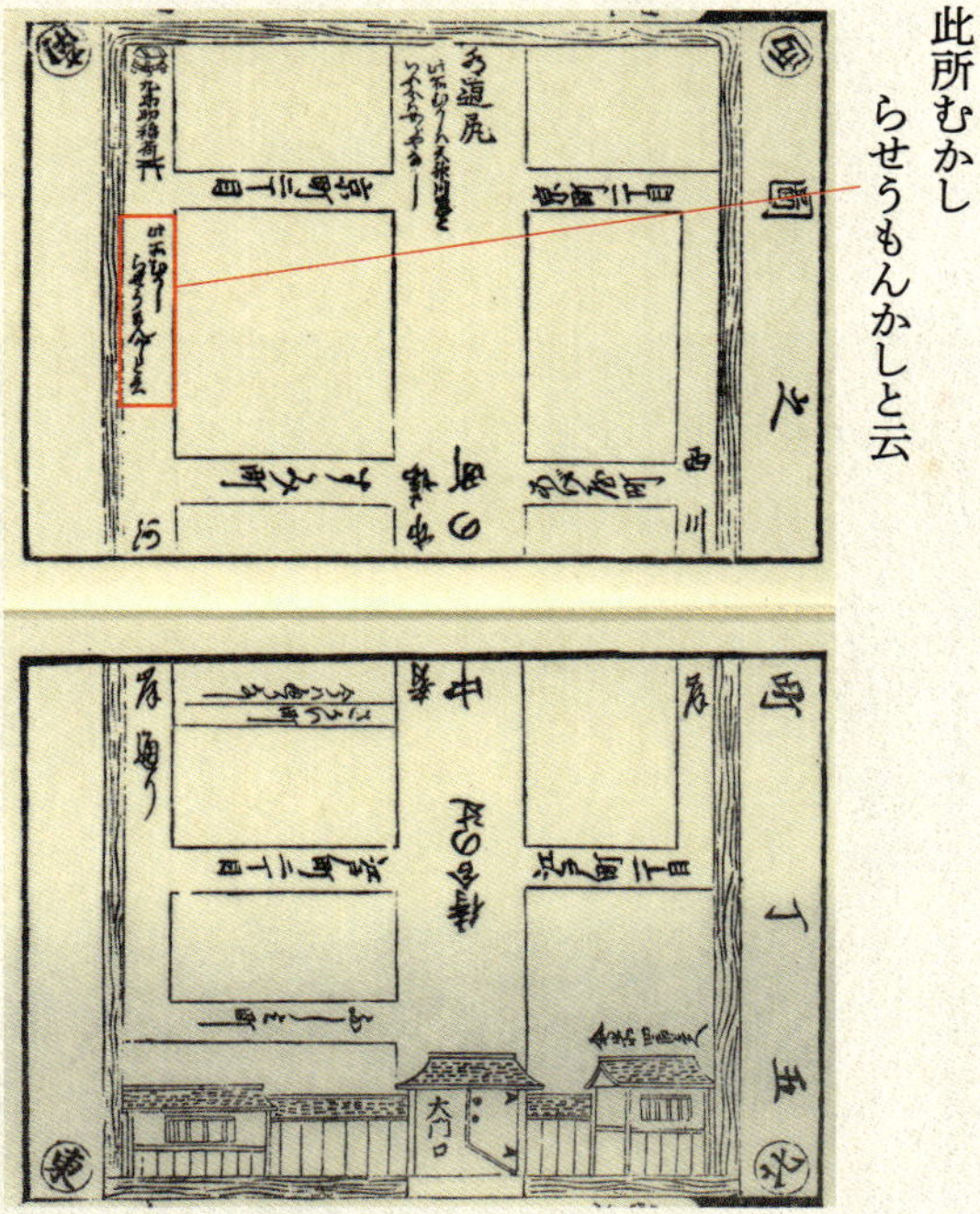

細見「嗚呼御江戸」安永三年春

五

女郎屋の内部

女郎屋の建物は基本二階建てで、一階には通り側に女郎が並んで客を誘う「張見世《はりみせ》」がありました。張見世は畳敷きですが、その一部に赤い毛氈が敷かれてありました。そこに座るのは花魁と呼ばれた格上の女郎たちだけで、張見世に出た女郎が全員座れるわけではありません。

張見世の横に、暖簾をかけた入口があります。暖簾をくぐると、土間でその横に板の間があります。そこには入口に背を向けた幅の広い階段がありますが、これは入口から二階に行く客や、反対に二階から入口に向かう客の動線を長くして、見世の主のいる内所からその動きを監視できるようにしていたのです。

板の間はそのまま台所に続き、内所にも続きます。内所は入口、階段、台所、そして張り見世の裏側などが見通せ

新吉原玉屋の張見世図屏風　伝歌川豊春（天明）

る場所で、客の出入りや遊女の動き、若衆や台所の奉公人などの動きを見張ることができるため、ここには主人が座り、留守のときは女将などが座って、見世全体の監視をしていました。

内所には「縁起棚《えんぎだな》」という棚があります。神様を祀っている場合もありますが、多くは「**陽物**《ようぶつ》」という男性の性器を模った置物を祀っています。女郎にとって陽物は縁起のよいものだったのでしょう。その他、いろいろ縁起がよいと考えられるものが飾られ、決まりはなかったようです。中には、禿《かむろ》や女郎が折ったと思われる折り鶴なども飾られていました。

台所は、基本的には、女郎や若衆などの食事を調理していました。古い時代には客へ出す料理も作っていましたが、蔦重の時代には通称「きのじや」と呼ばれる仕出し屋が宴会料理を出前するようになったため、簡単な先付料理だけを作るようになりました。

二階に上がると、女郎が日常生活をしながら、そこで客をもてなす部屋が長い廊下を挟んで続いています。

国芳 女郎屋の内所

女郎の部屋は、女郎のランクによって、その広さや部屋の数が決まっています。そのため女郎を多く抱えている見世は、それなりに部屋数も多くなり敷地面積も大きくなって、表の間口も広くなります。

吉原の遊女屋の店名は、「伊勢屋甚右衛門」や「海老屋利右衛門」のように、原則その主人の名前で呼びます。しかし、それで言い難いので、「伊勢屋」とか「えび屋」と略して屋号だけで呼ぶようになりましたが、時代が下がると同じ屋号の見世が出店してきたり、暖簾分けなどして屋号が同じという店が出てくるようになると、それぞれの特徴をとって「がく伊勢屋」とか「大えび屋」などと呼び分ける店も出てきました。

蔦重の時代の終わり頃（天明年間1781〜1788）、見世の名前に「楼」を付けるのが流行るようになりました。最初は文人としても名立たかった扇屋宇右衛門が自分の女郎屋の屋号を扇の異称「五明」から「五明楼」と名付けたのが最初で、丁子屋が「鶏舌楼」、大黒屋が「甲子楼」という名称を使うようになりました。中国では「楼」は高い建物を指して「楼閣」いい、妓女の館の意味もありました。吉原の場合、岡場所などに対して官許の吉原の優位性を表す表現として中国風に使ったようです。

ちなみに、蔦重の発行した本にも『**青楼美人合姿鏡**』（安永5年）というのがあり、吉原を「青楼」と例えています。

陽物
男性器、陰茎のこと。陽物の形の石は、フェティシズムの一種として多産を願って崇拝された。

青楼美人合姿鏡
浮世絵師・北尾重政と勝川春章の競作による、吉原の遊女たち描いた錦絵本。実在した吉原の遊女が総勢166人描かれている。

考証の栞 女郎のランクがわかる「籬」

女郎屋のランク付けに「籬《まがき》」というのがあります。「籬」とは、竹や柴などで編んで作った垣根のことですが、吉原では格子のことをいいました。ただし張見世の表通りに面した格子ではなく、入口を入ったところにある、格子のことで、張見世を横から見ることができました。この格子が全面格子のことを「総籬」といい、大見世の中でも最上級の見世の印でした。四分一の格子がない場合を「半籬」といい中見世の印です。そして半分ない場合を「惣半籬」といい、花魁などがいない小見世の印でした。

しかし、時代が下がるにつれて、総籬の見世もなくなり、籬によって見世のランクを分ける慣習はなくなっていきましたが、吉原の女郎屋を表す言葉として残っていきました。

蔦重が初めて出版した安永4（1775）年秋の吉原細見も『籬の花』といい、「女郎屋の花」とでもいう意味でしょうか。

吉原 妓楼の内 北斎

六

宴会料理のきのじや

吉原の引手茶屋や女郎屋で出される料理は二種類あります。まず、客が来て、すぐに酒の肴として出される料理と、本格的に宴会が始まって出される料理です。

客にすぐに出される料理は、引手茶屋や遊女郎屋の台所で調理されたもので、「先付」と呼ばれる小鉢などに入ったものです。（現代風に言えば「突出し」「お通し」と呼ばれます）これで、一杯やりながら、指名した花魁の到着や、女郎の支度を待ってもらいます。

その次に出される「椀」「吸物」は、お腹の減っている客に温かい汁物を出して、ゆっくりした気持ちになってもらおうというものです。

この後、宴会には本膳料理という本格的な宴会料理が出されるのですが、蔦重の時代になると、「きのじや」

よし原仲の町桜乃中 広重画
（左上）きのじやが台の物を運んでいる。

という仕出し屋が登場し、宴会料理を出前してくれました。

「きのじや」とは「喜の字屋」とも書き、享保《きょうほう》年間（1716～1736）の末に、喜右衛門という料理人が、角町に店を借りて、「**台の物**」という出前専門の仕出し料理を始めたところ、これが評判を取り、同業も開業するほどになりました。もちろんそれぞれ屋号は違っていましたが、総称して「きのじや」と呼ぶようになったのです。多くの引手茶屋や女郎屋から出前の注文が来るようになり、吉原の宴会料理は「きのじや」と言われるようになりました。

きのじやが始めた「台の物」というのは、どんな料理かというと、足つきの大きな台に、大皿や大鉢に料理を盛って、食べるときに客ごとに小分けしました。一見すると、テーブルに料理が盛られた大皿が並ぶビュッフェテーブルという感じでしょうか。これは、長崎で始まっ

喜の字屋の若い者が妓楼に仕出し料理である台の物を運んでいる様子。喜の字屋は台屋とも言われた。

台の物
遊郭などで、喜の字屋（台屋）から取り寄せる料理。

卓袱料理
大皿に盛られたコース料理を、膳ではなく、円卓を囲んで味わう長崎発祥の料理方式。朱塗りの円形テーブルを卓袱と呼ぶ。

た卓袱料理《しっぽく》の真似と言ってもいいでしょう。皿の上には、鯛の姿焼きや、蒲鉾、卵焼きなど、冷えても美味しく食べられる料理で、ほとんど現代のお節料理と同じような料理が並んでいます。これは、当時の人々にとっては高級料理ばかりで、一見ご馳走に見えます。ただ、実際の味は美味しくなく、評判はよくなかったようです。

そして、本格的な台の物となると、一緒に蓬莱台《ほうらい》が運ばれてきます。台の上に、松の植木鉢が置かれ、その脇には梅や竹の飾りや季節の花、その横に亀や鶴の置物が置かれています。これを客と女郎の前に置くのが習わしです。

なぜ、こんな台が置かれるのでしょうか。

それは蓬莱台が結婚式に必ず飾られる縁起ものだからです。吉原では客と女郎はかりそめの夫婦として契りを結ぶという慣わしなので、宴会を二人の結婚式と見立てています。

なので、客は料理をパクパク食べるということはなく、ほとんど手つかずで残ることが多いのです。これが、女郎屋では女郎や禿たちのお夜食や朝食のおかずとなります。女郎屋の食事は原則、飯・みそ汁・おかず一品・香の物というのがほとんどなので、美味しくないと評判の台の物も有難い料理だったのです。

青楼見立七福神 歌川国貞画（文政）
破格に豪華な台の物

台の物のお値段は、蔦重の時代、金一分（2万5千円）で、決して安いものではありませんが、一応注文しないとケチな客として店や女郎からの扱いが違ってきますので、ここは見栄を張るところでしょう。

きのじ屋は、台の物以外にも、一般的な総菜料理も作っていたようで、女郎屋の質素な食事や台の物に飽きた花魁などが禿に買いに行かせていました。

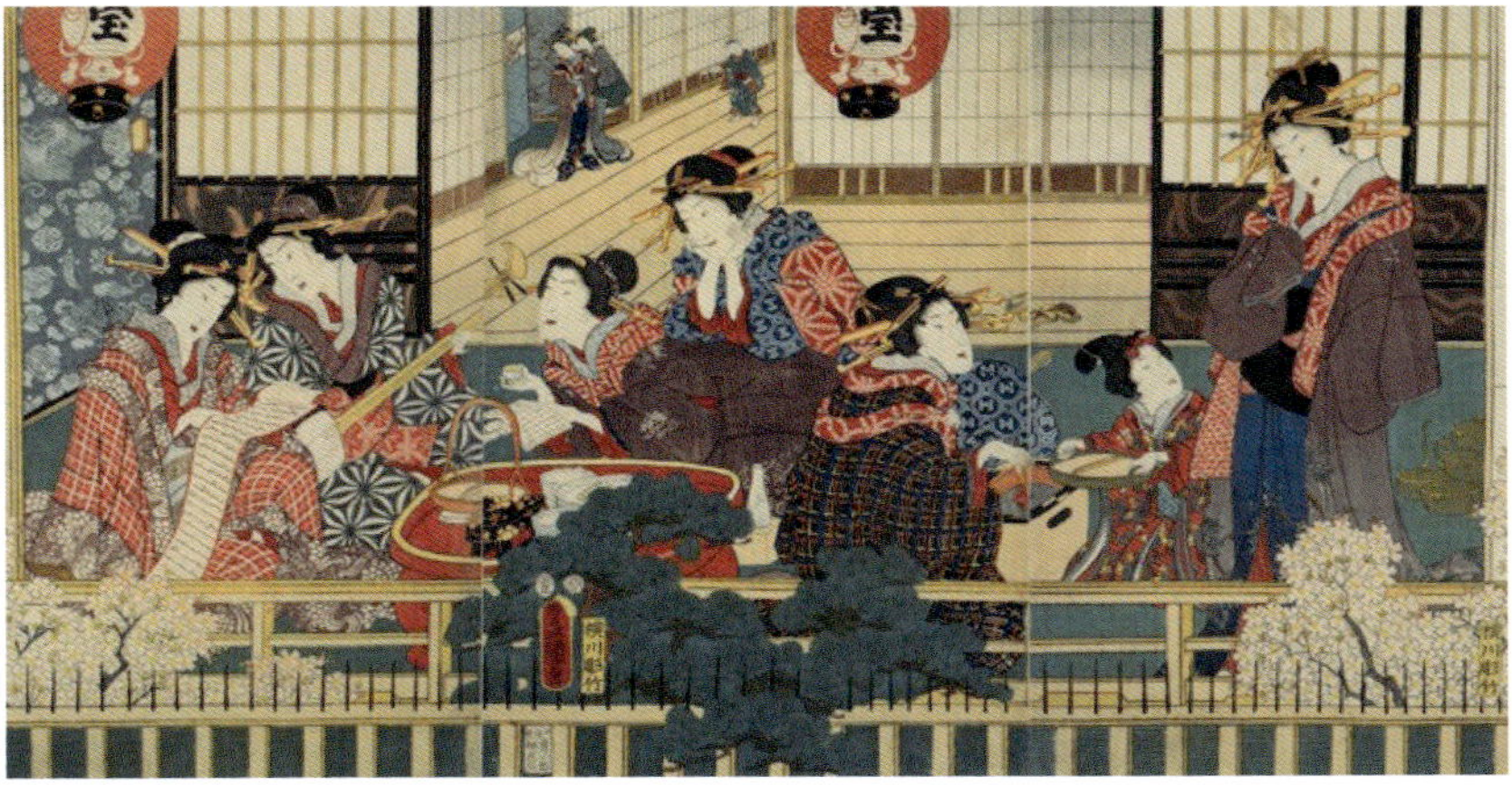

歌川豊国画
台の物の残りを食べる女郎たち

歌川豊国画
婚礼の蓬莱台

一　吉原の一日

朝は夜明けを知らせる浅草寺の明け六ツの鐘がなる前から始まります。まずは、吉原の近くある溜《ため》に暮らす人が来て、吉原内のごみを拾い、ごみ溜めの中身を運び出していきます。

明け六ツ（午前6時）

いよいよ明け六ツの鐘がなると、会所の番人によって大門が開きます。この頃から、朝食をすませた引手茶屋や女郎屋の若衆が、見世の前を掃いたり、格子や玄関口の拭き掃除を始めます。

同じ頃、昨夜から泊まっていった客に対して、若衆が客を起こして廻ります。客は仕方なく帰り支度を始めますが、床を共にした女郎はここで次回の来店の約束を取り付けねばなりません。そこで、後朝（きぬぎぬ）の言葉を並び立てて客を送り出します。

明け六ツ『吉原十二時絵巻』鳥文斎栄之画（文久）

江戸時代の方位と時刻表

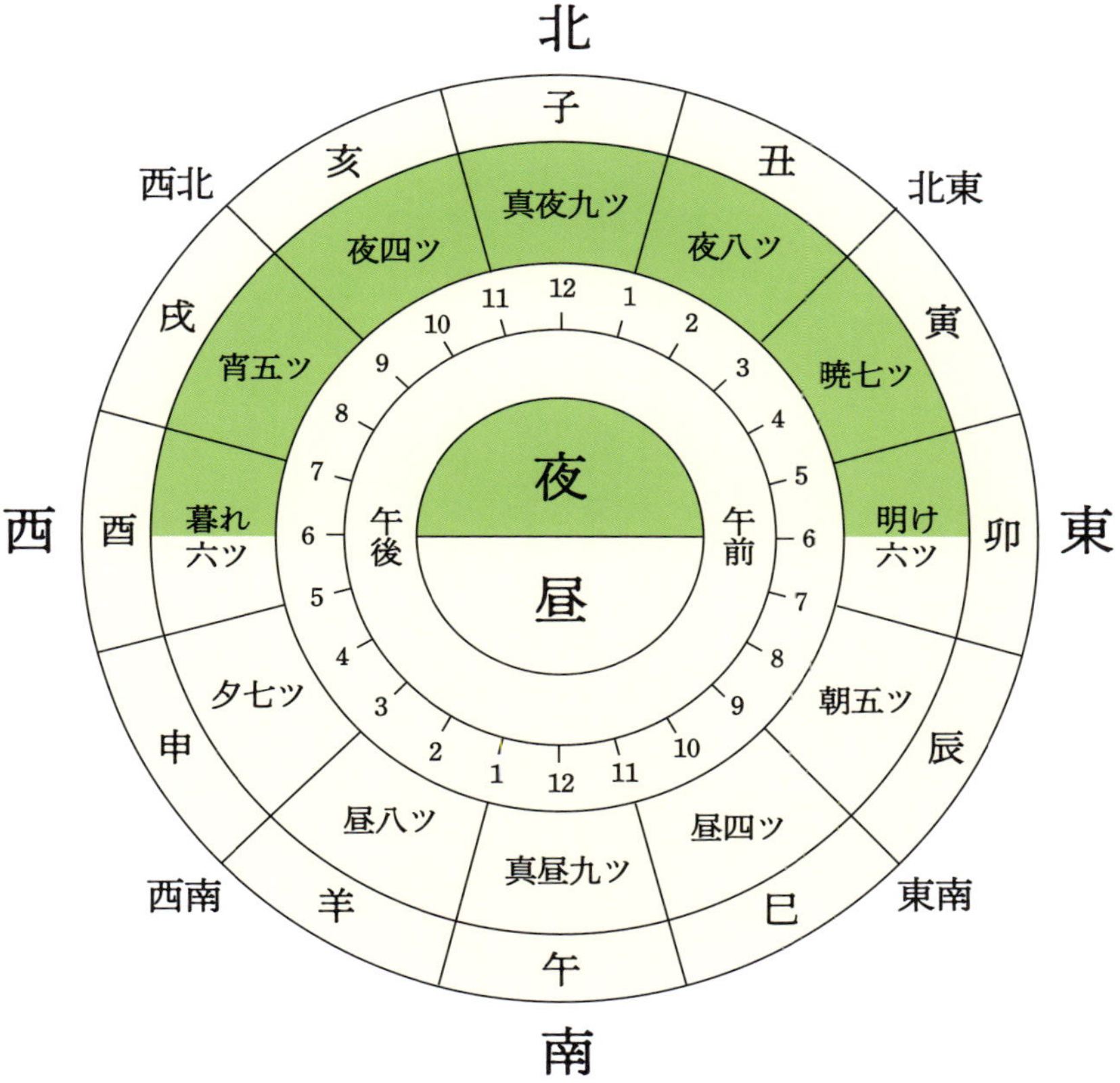

0時＝真夜九ツ	8時＝朝五ツ	16時＝夕七ツ
2時＝夜八ツ	10時＝昼四ツ	18時＝暮れ六ツ
4時＝暁七ツ	12時＝真昼九ツ	20時＝宵五ツ
6時＝明け六ツ	14時＝昼八ツ	22時＝夜四ツ

大門の前には、門内に入れない辻駕籠が、まだ夢心地の客を乗せようと待っています。

◆朝五ツ頃（午前8時頃）

客が帰ったあとは、若衆は宴会をした座敷や廊下などの掃除です。食器や膳を下げるだけではなく、時には客の反吐《へど》も掃除しなければなりません。

この頃に門を入ってくるのは、近所の百姓が引く荷車で、荷台には空の樽を積んでいます。これは、吉原中の便所から糞尿を集めるためです。人々が起きる前に、運び出そうというのですが、かなりの軒数と量があるため、朝食の時間までかかることもあります。自分たちが出したものですから、文句はいえません。

◆昼四ツ頃（午前10時頃）

客を送り出して二度寝した女郎たちがやっと起きてきます。まずは風呂に入る人、朝食を食べる人。女郎屋に内風呂のある見世もありますが、同時に大勢は入れないので、吉原内にある湯屋にいく女郎もいます。もちろんこれ

朝五ツ頃

も時間差で行かないと混雑します。

見世の内風呂の場合、昼九ツ前に湯を落とすので、湯番の人が「湯をしまいます」と見世の中を告《つ》げて廻ります。中には「ちょっと待って」などと声をかける女郎もいたことでしょう。

女郎たちが二階の自室から降りた頃、若衆は布団を挙げて部屋の掃除をします。中には花屋が来て床の生け花を活け直して、客を迎える準備をします。

この頃には、吉原の外からいろいろな商売人が入って来ています。魚屋や八百屋は得意先の台所口から直接入って、料理人と交渉します。

女郎屋の主人は動き出した見世の中を見渡しながら、昨夜の売上げを帳面につけます。

蔦重も古本を包んだ風呂敷包を担《かつ》いで、得意先の女郎屋を廻ります。

昼見世の開く時間が近くなると、昼見世に出ない呼び出し以外の女郎たちは、そろそろ化粧や髪結いを始めます。

◆真昼九ツ（正午）

いよいよ昼見世の開店ですが、昼見世は、門限があって昼間しか出歩けない大名屋敷住まいの勤番武士と、昼間の仕事をさぼってきている商家の手代

昼四ツ頃

がメインの客です。

そのため、女郎たちも張見世に並ぶのも昼八ツ過ぎからで、いつ始まったかも定かでなく、のんびりしたものです。

客も、宴会をするどころか、酒も飲まず、いきなり床入りを望む人もいて、あまり情緒はありませんが、それでも金になるのですから、大切な客です。

◆夕七ツ（午後4時頃）

夕七ツに一旦昼見世が終わります。客もそれぞれの事情があってか、陽の暮れないうちに帰宅します。

引手茶屋や女郎屋も夜見世に向けて準備をしつつも、休憩というところでしょうか。台所では夕ご飯の支度が始まり、手のすいた者から食べていきます。女郎や禿もここ

真昼九ツ

夕七ツ

で腹ごしらえをしないと、深夜まで何も食べられません。女郎たちは、暮六つが近づくと、いよいよ夜見世のために化粧を直したり、着物を着たりと、準備を始めます。

◆暮れ六ツ（午後6時頃）

暮れ六ツの鐘が鳴る頃、いよいよ夜見世が始まります。女郎屋の主人が神棚や縁起棚に灯明を付けたり、鈴を鳴らして開店を知らせる店もあります。

これを合図に、張見世の行灯に火が入り、新造を筆頭に部屋持、座敷持が順に着座します。これで張見世は花が咲いたように華やかになり、その横で芸者が三味線で「清掻《すががき》」を演奏します。「清掻」とは歌を歌わないで三味線だけを演奏することです。曲もその時々に流行っていたものを弾き、引け四ツ頃（午後0時頃）まで続けました。以前は女郎が演奏していましたが、蔦重の時代には、芸者の役目になりました。

すでに予約の入っている女郎や、呼び出しは張見世には座らず、自分の客の到着を待ちます。

ここから夜四ツまでが、吉原で一番華やかな時間です。引手茶屋で宴会をする客、すでに女郎屋で宴会をしている客、懐次第でいろいろな吉原を楽し

暮れ六ツ

みます。

夜四ツ（午後10時頃）

吉原では夜四ツが正式な夜見世の閉店時間です。しかし、暮六ツからの4時間では客も十分に遊べない、見世も宴会で稼げないという事情から営業時間を2時間延長して真夜九ツ（午前0時頃）まで営業をしました。

真夜九ツ（午前0時）

本当は九ツなのに、木戸番が四ツの拍子木を打って、営業時間の終わりを知らせます。これを「引け四ツ」と言います。

これからが、客にとっては本番です。女郎が寝間着に着替えるために一旦下がると、

夜四ツ

真夜九ツ

客も便所に行き、中には口を漱《すす》いだりして、それなりの準備をします。女郎の部屋に戻ると、すでに布団が敷かれています。これは若衆の仕事です。

そして女郎も戻ってきて、いよいよ本番が始まります。

◆夜八ツ（午前2時）

客が楽しんでいる間、当番の若衆は、廊下の掛け行灯の油を注いで回りながら、女郎部屋に異常はないかを伺いながら、火の番をして廻ります。

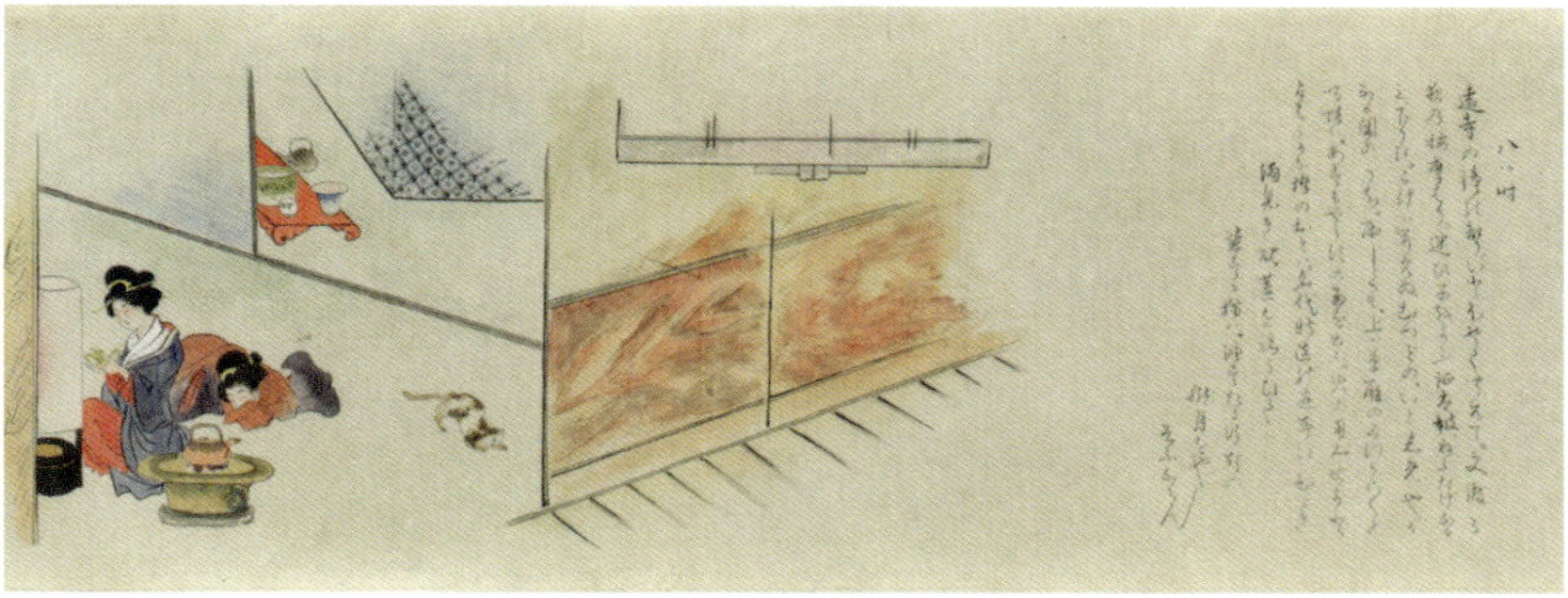

夜八ツ

吉原噺 伍

吉原女郎白書

一、「アリンス国」の廓言葉
二、女郎の出世　年季奉公から年季明けまで
三、女郎の装い
四、女郎の一日
五、女郎の手紙から見る、手練手管

100万人都市「江戸」。ファッション、美容、食、住居などには江戸ならではの文化が花開き天下泰平の大都市でした。その「江戸っ子」たちの化粧、髪型、衣装などのファッションをリードしたのが、吉原の花魁と呼ばれた女郎たち。そうした花魁の様子は洒落本などで江戸町人たちに伝えられ、歌舞伎役者とともに憧れの存在だったのです。本章ではそうした花魁や女郎について解説していきます。

一 「アリンス国」の廓《くるわ》言葉

吉原を「アリンス国」と言い出したのは、明和年間（1764～1772）の川柳作家だそうです。当時蘭学を学んでいる人たちが「アメリカ国」「イギリス国」と呼んでいたのをもじって、「アリンス国」としゃれたのです。

では吉原はなぜ、「アリンス国」なのか、それは口語の基本である「あります」を「ありんす」ということで、廓言葉の代表としてとらえたからです。これらは決まった成語とかはなく、動詞の後ろについて使われる「ます」を「んす」に変えるなど、助動詞を工夫したものです。しかし、これは最初からこのように工夫したわけではなく、いろいろ話しているうちに自然となってしまったというべき不思議な言葉なのです。

江戸の庶民からしてみれば、同じ江戸なのに、なんだか違う言葉を話している女郎は不思議な人たちに見えたのかもしれません。これはひとえに吉原を異界に見せようとした吉原自身の演出だったのです。

元和《げんな》3（1617）年に日本橋近くに遊廓が開業したとき、指導者として遊廓先進地の京の島原から、傾城屋を何軒か誘致したのです。それに伴って、出身地がばらばらだった女郎たちの言葉を京風にするように指導しました（今も昔も、男性は京言葉がお好きなようです）。しかし、語尾が強い関東の訛《なま》りから、一気に京訛りになるわけもなく、それぞれの女郎屋で工夫をしていったのです。

そのため、吉原全体が同じ訛りを話すのではなく、店ごとに、さらに花魁の先輩後輩などの系譜で、違う訛りを話すこともありました。さらに、各地の言葉が混ざって、吉原独特の訛りも生まれ、これらを総合して「廓言葉《くるわ》」と言います。

どんな地方から来ても、この言葉を習得すれば、田舎訛りが隠れて、吉原の女として通用するのです。

そこで、研究者たちが、廓言葉の方式を作成しようと、江戸時代の文学作品である洒落本などから、使用例をひっぱり出して、並べ立てるのですが、時代によって流行廃《すた》りがあったり、ある一部の女郎屋だけ取り上げたりしているので、個別な例ばかりになり、これが共通した正しい使い方というものがわからないのです。

そんな中で、私がいつも参考にしているのが、明治23年生まれの江戸文化研究者・松川弘太郎先生が書いた『廓語考』の中にある『廓語一覧表』です。同じ「ます」でも「ありんす」以外にも「んす」「いす」「す」という変化があり、これが店ごとの違いかどうかは別の史料に当たらなければなりませんが、とりあえず、私より江戸時代に近い先生に敬意を表しています。

●廓語一覧表

ます	ありんす
	んす
	いす
	す
します	しんす
	しいす
	致しんす
	致しいす
	申しんす
	申しいす
なさいます	なんす
	なます
	ねんす
	ねせんす
	なせいす
	なさりんす
	なさりいす
しなさいます	しなんす
	しなます
	しねんす
あります	ありいす
	おす
	おッす

ございます	おざんす
	おざいす
	おぜいす
	おぜんす
	ごぜんす
	ごぜいす
	おざりんす
	おざりいす
	おぜりんす
	おぜりいす
	ござりんす
	ござりいす
	ごぜりんす
	ごぜりいす
です	ざんす
	ざます
	ざいす
	ざいます

出典：『廓語考』松川弘太郎

二

女郎の出世 年季奉公から年季明けまで

吉原に女郎は平均で2000から3000人いましたが、その女郎の出世の階段は、禿《かむろ》のときにほぼ決まっていました。

◆5〜14歳頃

『禿』

5歳〜10歳くらいで、吉原に売られてきます。一般に「吉原の年季奉公は10年、27歳で年季明け」と言われていますが、5歳から計算すると、15歳で年季明けでは、肝心な仕事をする期間がありません。27歳まで働いたとしたら、22年間もかかります。

これは禿は子どもで女郎働きをせず、むしろ女郎屋が養って育てているという考えですから、禿の期間は年季奉公の期間に入りません。とはいえ、まったく何もしないでご飯が食べれるわけではなく、各々の花魁付きとして、花魁の世話をしたり、花魁道中に従ったり、客の前では花魁に代わって酌をしたりと、それなりに役目があります。しかしこれは仕事ではなく、女郎になるための教育期間と見なされます。さらに、読み書きは

●女郎の出世 出世地図

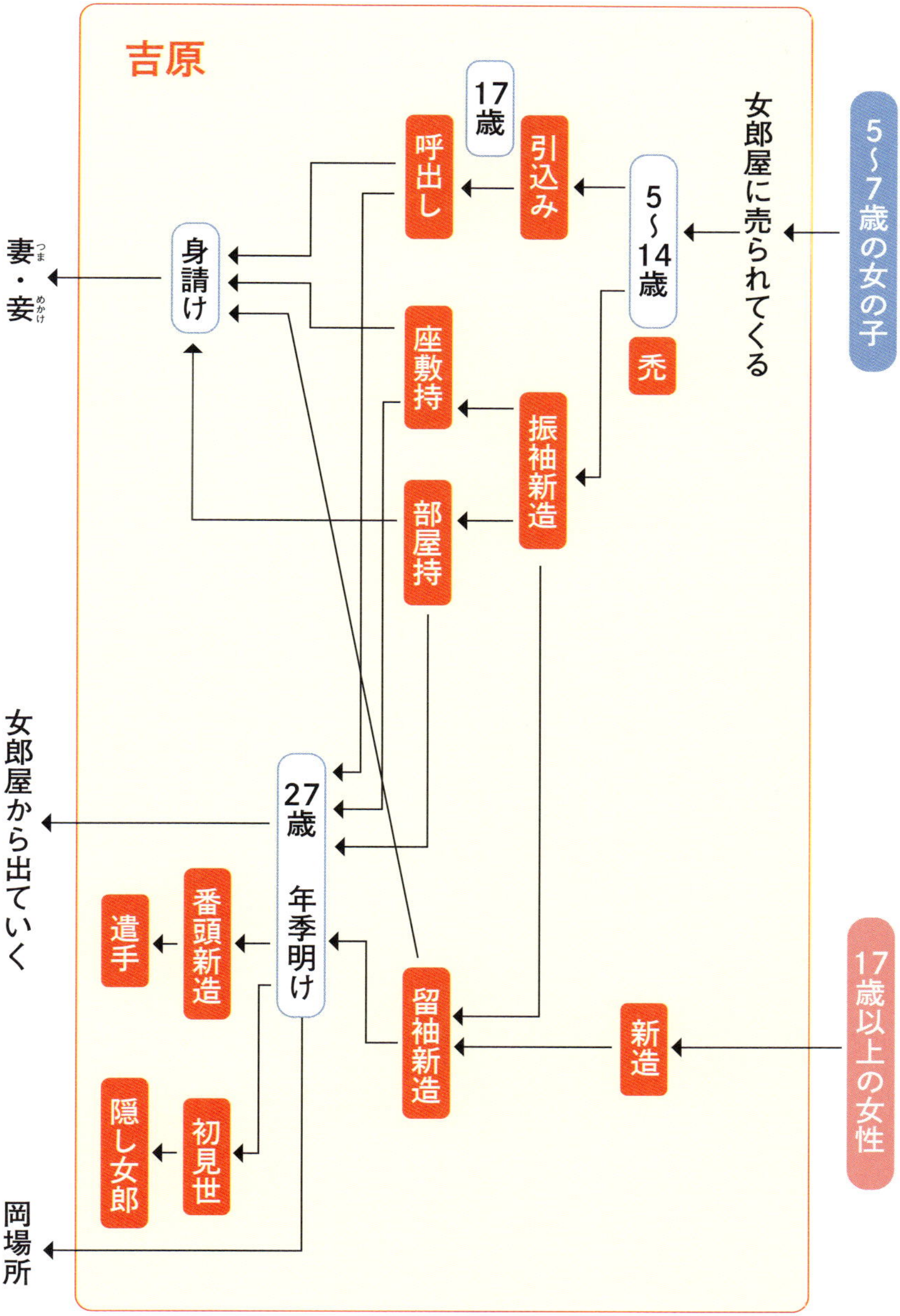
吉原
5～7歳の女の子
女郎屋に売られてくる
5～14歳
禿
引込み
17歳
呼出し
座敷持
振袖新造
部屋持
身請け
妻《つま》・妾《めかけ》
27歳 年季明け
女郎屋から出ていく
番頭新造
遣手
初見世
隠し女郎
岡場所
留袖新造
新造
17歳以上の女性

もちろんですが、吉原の女郎として絶対に必要な、読書や習字、和歌や俳句などの教養も学ばなければなりません。

これらは、その禿を預かった花魁の責任で行われるため、花魁にとってもかなりの重荷でした。さらに、禿の豪華な衣装の費用も花魁が払うので、花魁の自身の借金は増えるばかりです。しかし、自分も同じように育てられた花魁にとっては当然のことだったようです。

こうして育てられた、禿が14歳くらいになったとき、将来の進路が定まります。

◆14歳頃

『引込《ひっこ》み』

美人で将来を嘱望される禿は、女郎屋の主人夫婦の傍らに置いて、将来「呼出し」にするための英才教育をします。この期間は禿名のままで見世には出さず、細見にも載せず引っ込めておくので、「引込み」と呼ばれました。

『振袖新造』

「引込み」になれなかったその他大勢の禿は14歳前後で「振袖新造」になります。

そして育てた花魁が「新造出し」の挨拶廻りに付き添い、配り物・祝儀などの費用をすべて負担してくれます。さらに本人の衣装だけではなく、花魁の衣装も新しく仕立てるため、かなり費用がかかります。これも花魁の負担ですが、花魁はこれを複数の馴染み客にお願いをして出してもらうので、日頃からのサービスが大事です。もし不足すれば、それも花魁の負担ですが、地味なことをすれば、花魁の名前に傷が付くので、ここは奮発しなければいけません。

振袖新造になると、花魁の用事をしたり、道中の供をしたり、座敷で客の相手をしたりしますが、この段階では、原則客を取りません。

◆17歳頃

『呼出し』（花魁）（花魁道中）

この頃まで、客前に出なかった「引込み」がいよいよ客前に出ます。そのため、女郎屋としてはせっかくここまで大切に育てたのですから、高く売りたいというのが本音です。

そこで振袖新造を飛び越して、一気に女郎の最上位に登ります。蔦重の時代、安永4年の細見に

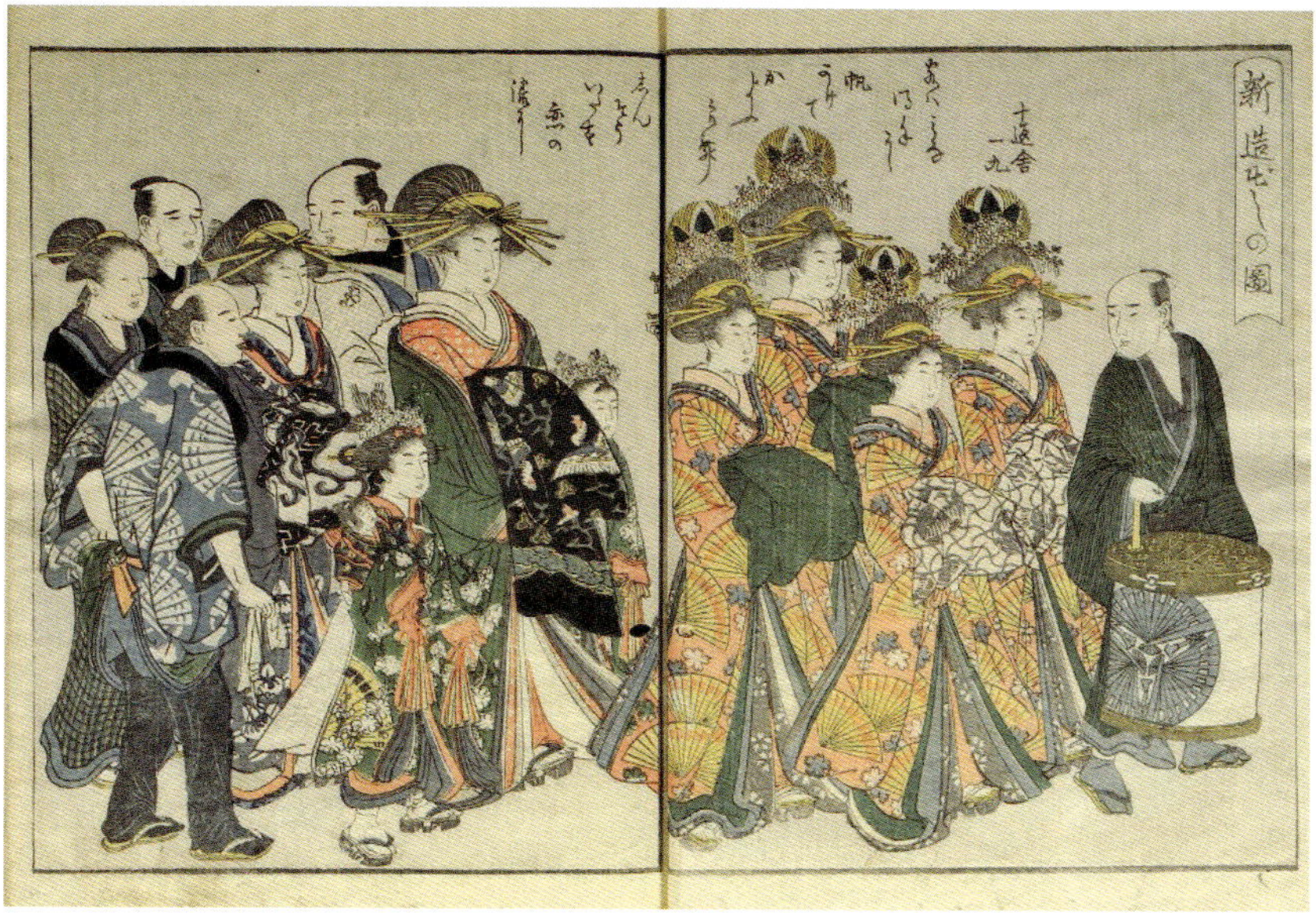

青楼絵本年中行事 新造出しの図 歌麿画（享和4年）
お披露目の行事「新造出し」の詳細は、花魁と楼主によって決められるが、約10日前にお歯黒でつけ初めし、赤飯などをお世話になっている茶屋や船宿に贈るのが習慣だった。

出ている「太夫」「格子」は名ばかりで事実上は消滅したので、最高位は「さんちゃ」になりました。さんちゃは本来、太夫格子の下の中級女郎でしたが、昇格した形です。翌年にはそれも分化して「呼出し」「付け廻し」ができ、さらに「呼出し」だけになりました。そのため「引込み」は「呼出し」に、一気に引き立てられ、女郎のトップに登りました。禿二人と振袖新造が付いていて、張見世にも出ませんでした。

そして、呼出しが呼出したる所以《ゆえん》は、引手茶屋からの呼び出しで女郎屋から引手茶屋に行くことから。そのとき行われるのが花魁道中で、自分も含めて9人が並び、禿や女郎も着飾った衣装で行列を組みます。これを目当てに来る客もあり、まさに吉原の花の象徴です。

『座敷持』（**花魁**）（**張見世に出る**）

振袖新造も17歳くらいになると、世話になった花魁から独立して、着物の袖も振袖から留袖に替わり、いよいよ一人前の花魁となります。

座敷持というのは、日常過ごす自分部屋と、客をもてなす部屋を別に持つ女郎のことで、だいたい二間続きの部屋になっています。

座敷持には禿が一人付く場合もありますが、だいたいは付きません。

『部屋持』（**花魁**）（**張り見世に出る**）

部屋持は、座敷持とほとんど一緒ですが、日常を過ごす部屋に客を迎い入れて接待するので、階級としては一段下がります。

『**留袖新造**』

留袖とは振袖の長い袖を切って、歯にはお歯黒をして、大人の女性になったことを表します。ここには振袖新造から座敷持や部屋持になれなかった女郎だけでなく、禿から入らず、年長で吉原に入ってきた女郎、そして他の見世から来た女郎など、大人になってからの女郎も留袖新造と呼びます。

客を迎える部屋は大部屋を複数の女郎で使う「廻し」で、布団の間には屏風を立てて仕切っていました。

◆30歳代

『**番頭新造**』

女郎を卒業したという立場で客はとらず、女郎たちの世話をしたり、花魁道中の指導をしたりする役目で、小見世では一人しかいませんでした。しかし、実際は深い馴染客の相手はしたと想像できます。

見世の主人に気に入られれば、遣手《やりて》になる人もいます。

◆40歳以上

『**遣手**』

年齢が限定されているわけではありませんが、番頭新造からなる人が多いので年配者が務めました。そのため「遣手婆」とも呼ばれます。

遣手は女郎全員の監視役です。そのため、女郎部屋全体の動きがわかる階段の上り口に部屋をもらって、常時女郎や客の動きを見張っていました。

時には女郎を折檻することもあったため、怖いと思われていますが、困ったときには相談に乗ってくれる人生の先輩です。

さて、ここからは女郎を卒業したあとのお話をしましょう。

『身請け』

「身請け」とは、身代金《みのしろきん》を払って女郎を請け出すことです。この場合、女郎は年季奉公なので、本来は親の承諾もいりますが、多くの場合、子を売った親に、今後すべての縁を切るとの証文を入れさせているので、横やりを入れてくることはありません。あとは女郎本人の選択です。

「女郎の一番の幸せは身請けされることである」とよく言われますが。これは単に、生活面のことを言っているだけで、必ずしも好きな相手と夫婦になれるわけではありません。

女郎屋としては、少しでも高く身代金を払ってくれる客がいいのですが、一応女郎の拒否権は認められていました。とはいえ、ほとんどの女郎が売られてきたときの借金や吉原で暮らすうちに貯まった借金が積もり積もっているので、やはり高い身代金は魅力です。

とはいえ、嫁に貰《もら》われたが「女郎上り」ということから、お姑《しゅうとめ》や小姑《こじゅうと》などが苛《いじ》められて追い出されたケースもあるので、必ずしも金持ちがよいとは限りません。

『年季明け』

禿として育てられた期間を除いて、17歳くらいから女郎として働けば、27歳くらいで、年季が明けます。そのため、女郎の定年も27歳くらいを基準にしていました。

それより年長はそれぞれの道を歩みます。もちろん自由の身になったというので、好きな人の女房になる幸せな話もありますが、在籍中に借金がかさんでいると、そんまま年季明けとはならず、延長されます。

その場合、番頭新造として女郎屋に残れるのは一人ですから、それ以外は身売りをして、「切見世」とも呼ばれる「河岸見世」や「局見世」に売られます。中には、女郎屋に在籍せずに一人で営業している「隠し女郎」をしている人もいました。

吉原以外の岡場所や地方の遊郭に売られることもあり、なかなか女郎稼業から抜け出せません。

考証の栞 花魁の語源は?

吉原では上位の女郎を「花魁」と呼びます。これは、厳密にはこのランクの女郎という取り決めはなく、慣習として呼んでいるだけです。

そもそも「花魁」という言葉の語源は、禿や新造などが世話になっている上位の女郎を親しく呼ぶときに使っていた「おいらの姉さん」が、言い馴らしていくうちに縮まって、「おいらん」となったと言われています。

鈴木春信画 花魁と禿・振袖

それが女郎を呼びかけるときの敬称となり、女郎屋内で使っていたのが吉原全体に広がり、さらに一般の客も使うようになりました。

とはいえ、誰でも花魁では有難みがないので、一応、蔦重の時代には、呼出し・座敷持・部屋持を「花魁」と呼びました。

三 女郎の装い

女郎、特に花魁に関しては、何枚も重ねて着た着物や掛けの枚数の多さ、その裾のふきに入れた綿の分厚さ、そして何より目立つのが畳一枚もありそうなまな板帯。頭の髪型も着物の豪華さに負けないよう孔雀が羽をひろげたような「横兵庫《よこひょうご》髷《まげ》」に十本を超す簪《かんざし》や笄《こうがい》の数。これが花魁のイメージでしょうか。

しかし、これはあくまで幕末から明治時代にかけて流行した花魁の衣装で、幕末に活躍した絵師の作品や、明治以降の写真にこの姿を見ることができます。さらに、歌舞伎の『助六所縁江戸桜』に登場する遊女揚巻の装いが、このイメージを決定づけさせたのでしょう。

これが、そのまま江戸時代全体の花魁の衣装だと思われており、多くの時代劇にも登場します。しかし、蔦屋重三郎は幕末から百年以上前を生きた人物です。しかも、蔦重の生きた時代、寛延《かんえん》3（1750）年から亡くなる寛政《かんせい》9（1797）年までのおよそ60年間にも違いがありました。

花魁道中（女郎の正装）『雛形若菜の初模様』北尾重政画

考証の栞　江戸のファッション雑誌

吉原の女郎といえば、江戸のファッションリーダーとして、その衣装や髪型が常に注目されていました。

とはいえ、女性は吉原に自由に出入できないので、直接その姿を見ることができません。そんな中、ちょうど蔦屋重三郎の時代に、浮世絵のカラー化が進み、「錦絵」とも呼ばれ、かなり忠実な色彩で刷ることができるようになりました。

また、鈴木春信を筆頭に、北尾重政《きたおしげまさ》、磯田湖龍斎《いそだこりゅうさい》という人気絵師が登場し、彼らは盛んに女郎をモデルにした絵姿を描きました。それはさながら、ファッション雑誌のようなもので、そこに登場する女郎は江戸の若い女性のファッションリーダーとなったのです。

そこで、蔦重は新たなシリーズものとして、安永4（1775）年に、呉服屋が次の正月売り出して流行らせたい新柄の着物を着た女郎の姿を浮世絵とした『雛形若菜初模《ひながたわかなのはつも》様《よう》』を売り出したのです。これはその費用を呉服屋が負担するという、まさにファッション雑誌の広告ページのアイデアです。

生憎、商売としては手を組んだ西村屋にまんまと独占されてしまい、最初の10枚くらいしか発行できずに終わりましたが、『雛形若菜初模様』の発行はその後7年に渡って100枚以上も発行されたヒット作品になりました。

その後、蔦重は呉服屋とは手を組まず、独自に女郎をいかに美しく描けるかに注視して、絵本『青楼美人合姿鏡《せいろうびじんあわせすがたかがみ》』を発行します。そこに描かれている女郎の装いは花魁道中や張見世に並ぶ正装した姿ではなく、あくまで普段の気取らない日常生活を描いたものでした。まさに現代の俳優やタレントが出版する写真集というものです。この系譜は喜多川歌麿などによって、さらに芸術性を高めていきます。

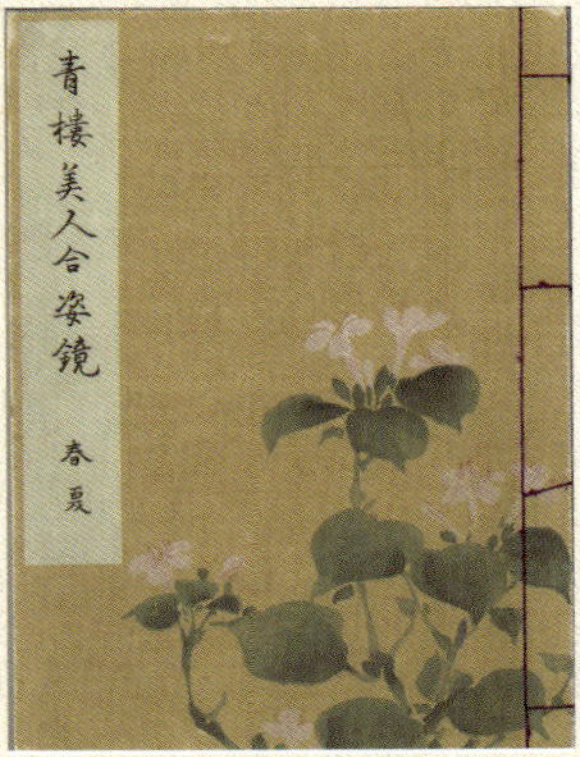

青楼美人合姿鏡 表紙画像

『雛形若菜初模様』「丁子屋 玉かふら」（耕書堂印あり）

そこでドラマ『べらぼう』では、蔦重の人生を3つの時代に分けました。①幼少期宝暦～明和年間（1751～1772年）、②貸本屋から出版業を始める明和～安永年間（1764～1781年）、そして③日本橋に本屋を構える天明～寛政年間（1781～1801年）です。そして着物の柄、着方、帯の幅と結び方、髪型もその時々に合わせて変化させました。

下図の㋐は明和7（1770年）に鈴木春信が描いた『青楼美人合』ですが、着物のふきの綿もほとんど感じられないくらい薄いです。帯も後期から比べれば細く結び方も簡単なようです。

髪型は「根下がり兵庫」という頸《うなじ》に近い後頭部に小さく髷を作り、髱《たぼ》の部分を細長く伸ばしたもので、吉原の女

㋐「青楼美人合わ額」いせや うらなみ

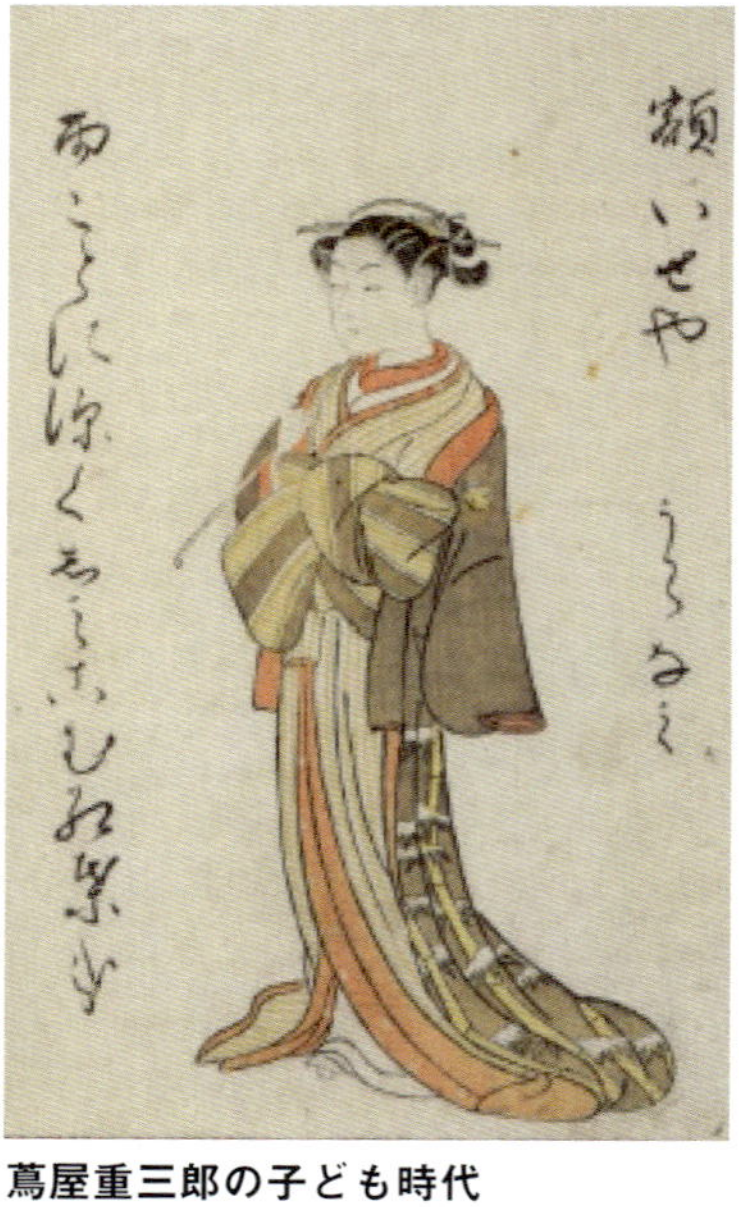

蔦屋重三郎の子ども時代

㋑「青楼美人合姿鏡」秋冬 つるや すがわら

吉原で版元をしていた時代

帯　小さくなる

郎に好まれたものでした。簪も三本だけです。

下図の㋑は蔦重が安永5（1776）年に出版した『青楼美人合姿鏡』です。

帯が少し太くなり、結び方も現代の「つの出し」に近くなって、左右に延ばした手の形で、「小龍結び」や「路考結び」などと呼び分けています。

秋のせいか着物の裾のふきに少し綿が入っているようで、ふんわりしています。

髪型は左右に鬢が張り、簪が左右に5本ずつ計10本で、櫛が2枚も刺さっています。

下図の㋒は蔦重が天明4（1784）年に出版した『吉原《よしわら》傾城《けいせい》新《しん》美《び》人《じん》合自《あわせじ》筆鏡《ひつかがみ》』で、北尾政演《まさのぶ》（山東京伝）が描

●時代別花魁の衣装

㋓「松葉屋代々山」歌川国貞／天保年間〜幕末

死後40年頃

㋒「吉原傾城新美人合自筆鏡」正月

日本橋で版元をしていた時代

まな板帯、帯　大きくなる

いた正月の挨拶廻りです。

帯の幅は広がり、その結びも大きく膨らんで大きな荷物を持っているようです。髪型は立兵庫の捻った「結び立兵庫」で、左右の鬢が張り出しています。簪も片方に5本ずつで計10枚です。

この時代には花魁道中の「外八文字」という歩き方は始まっていましたが、まだ下駄の高さは、それほど高くなっていません。

前ページ下図の㋓は蔦重の死後40年近く経《た》った幕末に美人画を最も得意とした歌川国貞（三代目豊国）の『松葉屋代々山』です。この辺りが、現代でイメージする花魁の装いでしょうか。

着物の裾はまるで布団のように膨らみ、帯もその間からだらりと長く伸びています。髪型は横兵庫で、櫛が2枚、笄2本、簪が10本。そして下駄は雨天用の二枚歯の高下

宝暦から安永15年間の髪型の違い

蔦重の子ども時代（宝暦）
『青楼美人合』明和７年刊だが、作画はそれ以前と推定
髪型：髱が長い。

駄です。これで外八文字の道中をしますが、雪が降りしきる中、素足の親指でしっかりと鼻緒を挟んでいるのが印象的です。女郎は一年じゅう素足で過ごします。女郎屋の廊下だけは上履き草履を履きますが、その高さは女郎の地位によって決まります。

花魁に付き従う禿の装いも、花魁と揃い鳥と鷺の柄で、島田髷を結った頭には、まるで帽子のような髪飾りをのせています。禿の足元も二枚歯の高下駄ですが、花魁と違うのは白足袋を履いていることです。

振袖新造は、まだ手付かずの娘だという意味で、未婚の女性が着る振袖です。髪型は基本「島田髷」です。

新造や番頭新造は、既婚者と同じ留袖を着ます。

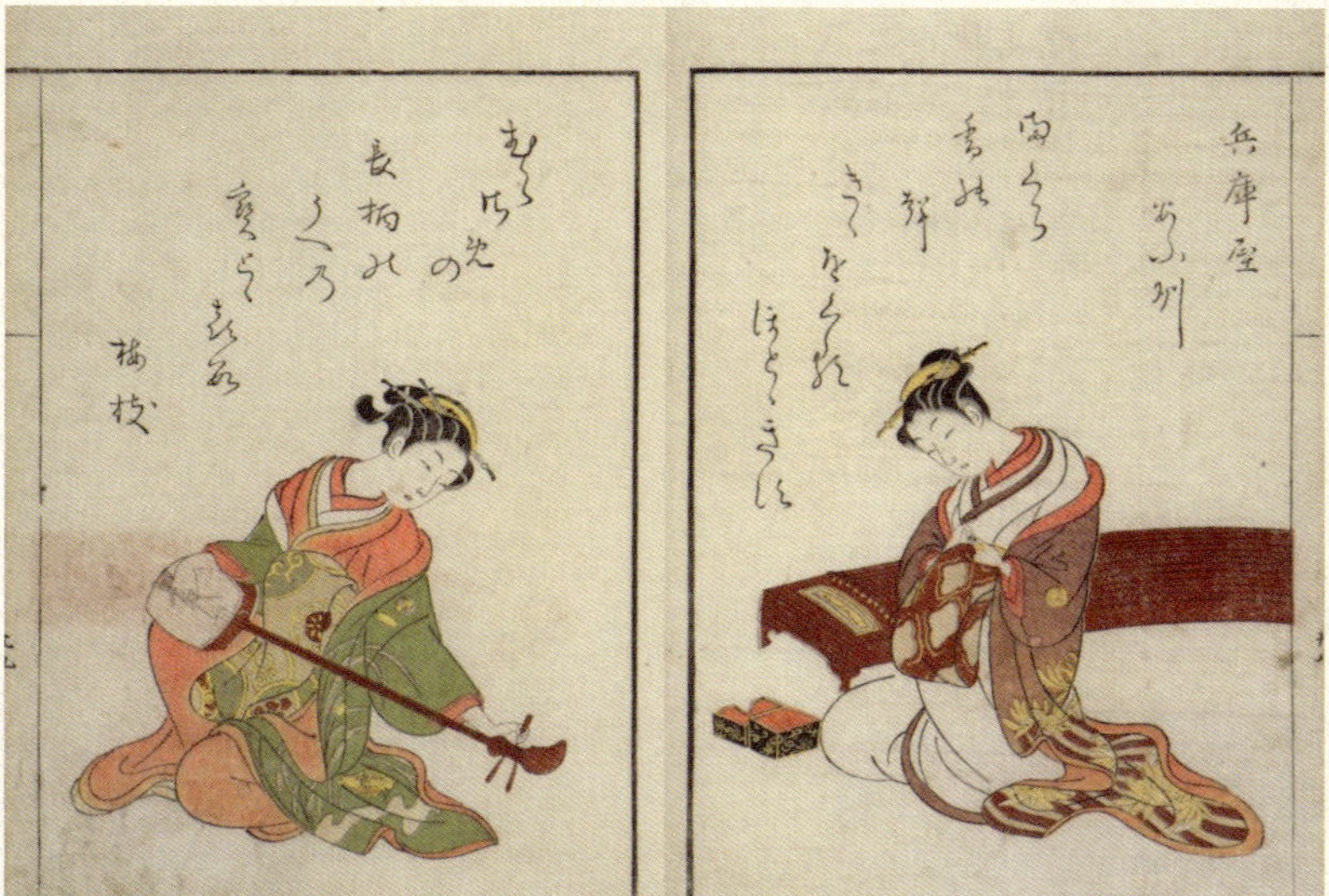

蔦重27歳（安永）
『青楼美人合姿鏡』
髪型：鬢が広がる。笄簪が増えた

四 女郎の一日

明け六ツ（午前6時）

女郎の一日は、同衾《どうきん》した客を送り出すところから始まります。客が着物を着だす頃、女郎も起き上がって、客の羽織を着せかけ、自らも寝間着の上から着物を引掛け、客を見送ります。

並の客には階段の上まで、中客なら見世の入口まで、上客なら通りの木戸口まで、そして特上の客には大門《おおもん》まで送ります。序列は決まりではありませんが、客と女郎の駆け引きというところでしょうか。引手茶屋《ひきてぢゃや》からの紹介で来た新しい客は、茶屋が朝食の粥をふるまうので、そのときは同伴して、最後まで別れを惜しみ、再訪を約束させせます。

寝起きの顔をわざと見せて、より親近感を持たせるというのも、女郎のテクニックの一つでしょうか。

さて、客が帰ったあと、昨夜熟睡できなかった女郎たちは二度寝の床に入ります。

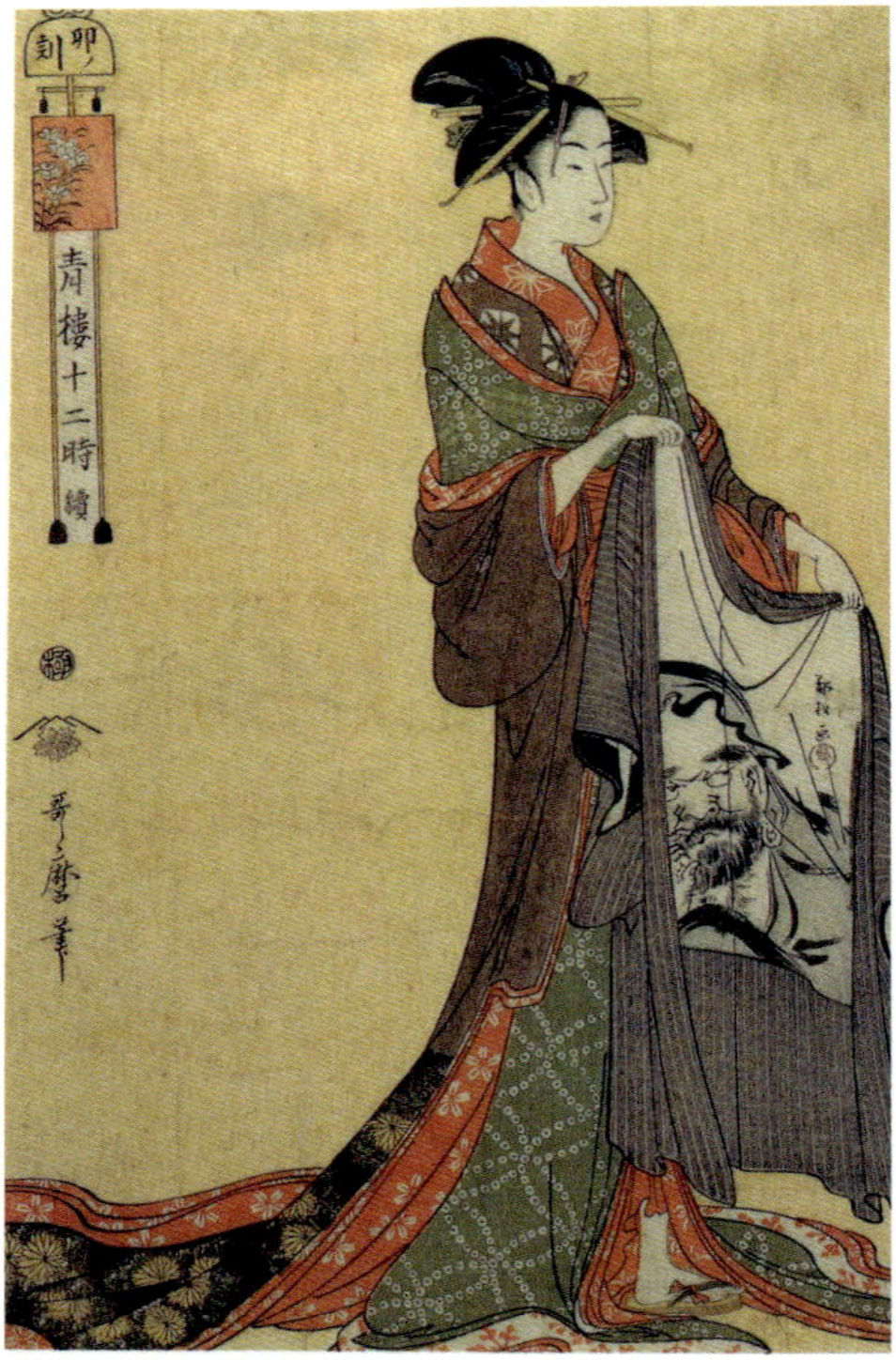

卯の刻（明け六ツ）「青樓十二時」歌麿画（寛政）

◆昼四ツ（午前10時）

女郎たちが起きる時間です。女郎屋には内風呂がある見世もありましたが、大人数が同時には入れないので、まずは風呂に入る人、朝食を食べる人とそれぞれですが、中には見世の外の湯屋に行く人もありました。

朝食は、基本的には飯・味噌汁・おかずが一品・香の物ですが、おかずに魚が出るのは月に一回くらいで、ほとんどが野菜の煮物や豆腐や油揚げを使った料理でした。そこで、登場するのが昨夜の客が残した料理です。これを冬は小鍋で温めたりして食べました。

吉原の女郎屋では、原則「白い飯」つまり、精米した米を食べました。そのため田舎の農家で、精米した白い米を食べられなかった子どもに、女衒《ぜげん》が吉原に連れてくるとき、「吉原に行けば、白い飯が腹いっぱい食べられる」と言って誘ったのです。

◆真昼九ツ（正午）

昼九ツ（正午）が近づくと、女郎たち

巳の刻（昼四ツ）

午の刻（真昼九ツ）

は昼見世の支度を始めます。化粧や乱れている髪の直し、衣装を着て、いつでも張見世に出られるように支度をします。ただし、昼見世の場合、呼出しの花魁は特別な予約でもない限り客の相手はしないので、しごき帯を結んだだけという気楽な姿で過ごします。

女郎たちが張見世の中に座ると、江戸に出て来たばかりの勤番侍や、田舎から江戸見物に出て来たような客が多いので、好奇の目で各見世を見て廻るばかりで、あまりいい客になってくれません。

客の付かなかった女郎を「お茶を挽《ひ》く」とも言いますが、この時代にはそんなことはせず、せっせと客に来訪を促す手紙を書きます。電話やメールなどの連絡手段のない時代唯一の通信手段だったのです。

吉原の女郎は警動《けいどう》（町奉行が行った手入れ）などで、外部の岡場所から連れて来られた女郎以外は、原則読み書きができました。そのため、呼び出しや座敷持についている禿や振袖新造は、昼見世の間に、読み書きを先輩女郎から教わりました。中には将来花魁と呼ばれる地位についても困らないように和歌や俳句を習う者もいたのです。

◆夕七ツ（16時）頃

昼見世が終了して、女郎たちはひと休みです。台所に行って、夕飯を食べる者や、おやつの甘い物を禿に買いに行かせて楽しむ女郎もいました。

◆暮れ六ツ（18時）頃

いよいよ夜見世が始まります。女郎にとってここが主戦場なので、トップの呼び出しから、最下位の女郎まで、気合を入れて準備します。

さて、「清掻《すががき》」の演奏が始まると、座敷持以下の女郎たちが張り見世の中に並んで座ります。席順は原則上位の女郎が奥のほうで、格子に近いほうが下位の女郎です。

女郎の前には煙草盆が置かれています。煙草は女郎の嗜好として吸われますが、それ以上に張り見世で、重要なのは女郎が客に吸付け煙草のサービスを

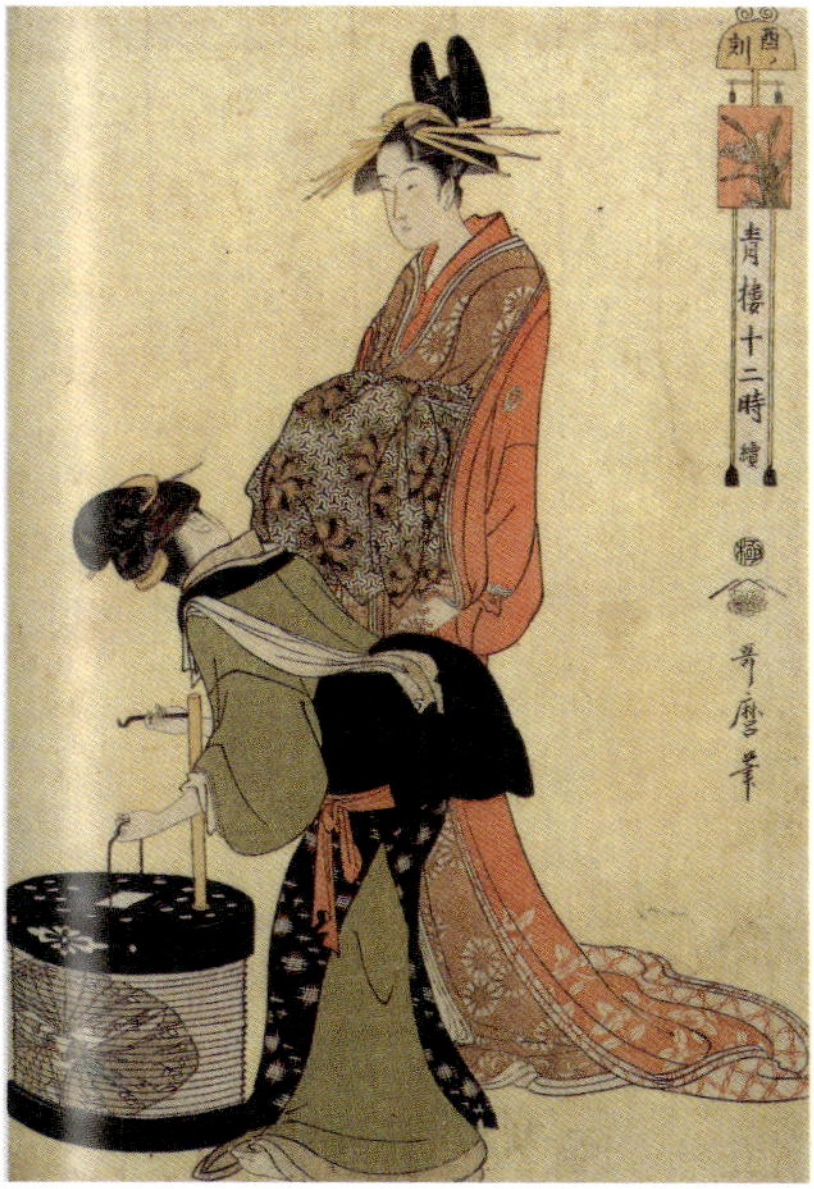

酉の刻（暮れ六ツ）

申の刻（夕七ツ）

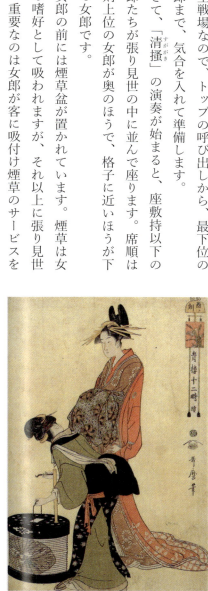

することです。女郎独特の長い煙管に煙草の葉を詰めて、火をつけた煙管をひと口女郎が吸い、それを格子越しに見つめている客に渡すのです。現代風に言えば、間接キスかな。客にしてみれば、指名しようかどうか迷っている女郎が口にした煙管を渡してくるのですから、「俺に気があるのかな」と勝手に誤解して、指名してくれるのを狙った作戦です。

さらに、いい客になりそうだと思う客が格子に手をついて覗いてきたら、客の袖口に煙管の雁首を引っかけて、格子の内側に引っ張るのです。すると客は動けなくなります。そこで、甘い言葉を吐きかけます。その様子を見ていた若衆が寄ってきて、「旦那、さあ中へ」と招き入れるのです。

張見世に並ばない呼出しの花魁は、引手茶屋から指名が入ったという知らせがきたら、支度をして、引手茶屋に客を迎えに行きます。このときに行うのが「花魁道中」です。

「花魁道中」で来るのは花魁の中でも呼出しだけですから、その女郎を指名した客にとっても誉れのときで、わくわくして待っていたことでしょう。なのに、客を焦らすように外八文字で優雅に進むのも花魁の腕(足)の見せどころです。ちなみに、この外八文字は京の島原で「内八文字」という歩き方があったのを、吉原でも真似をしたのですが、元吉原末期に男勝りで有名だった勝山という太夫が外八文字を始めたのが評判となって江戸では外八文字になったと伝えられています。かなり練習が必要で、上達するのに3年かかるといわれています。

引手茶屋に着くと、二階の座敷で宴会をすることもありますが、客がすでに待ちくたびれている場合には、再び女郎屋まで、客を同伴して、道中をしながら帰ります。

◆宵五ツ（20時）

遊女屋に戻った花魁を中心に宴会が始まります。座敷の座る位置は、広い座敷なら床の間を背に花魁と客が並んで座りますが、そのときも上座は花魁です。そして花魁の左右には禿が座りますから、客の手が花魁に届くことはありません。

芸者や幇間《ほうかん》も入れて、大賑わいです。この宴会での金の使い方で客の懐具合もわかるため、客も奮発します。引手茶屋から事前に頼んでおいた、きのじやの台の物も届き、座を盛り上げます。

この座敷の端で、すべてを見透かしたように見ているのが、遣手です。座敷で何か問題があったときに、心遣いをして解決してくれるので、その名が付いたとも言われています。

◆夜四ツ（22時）

気の早い客はそろそろ床入りを望みますが。ここで最終目的を終わらせては、芸者や幇間は時間給ですし、宴会で儲け

戌の刻（宵五ツ）

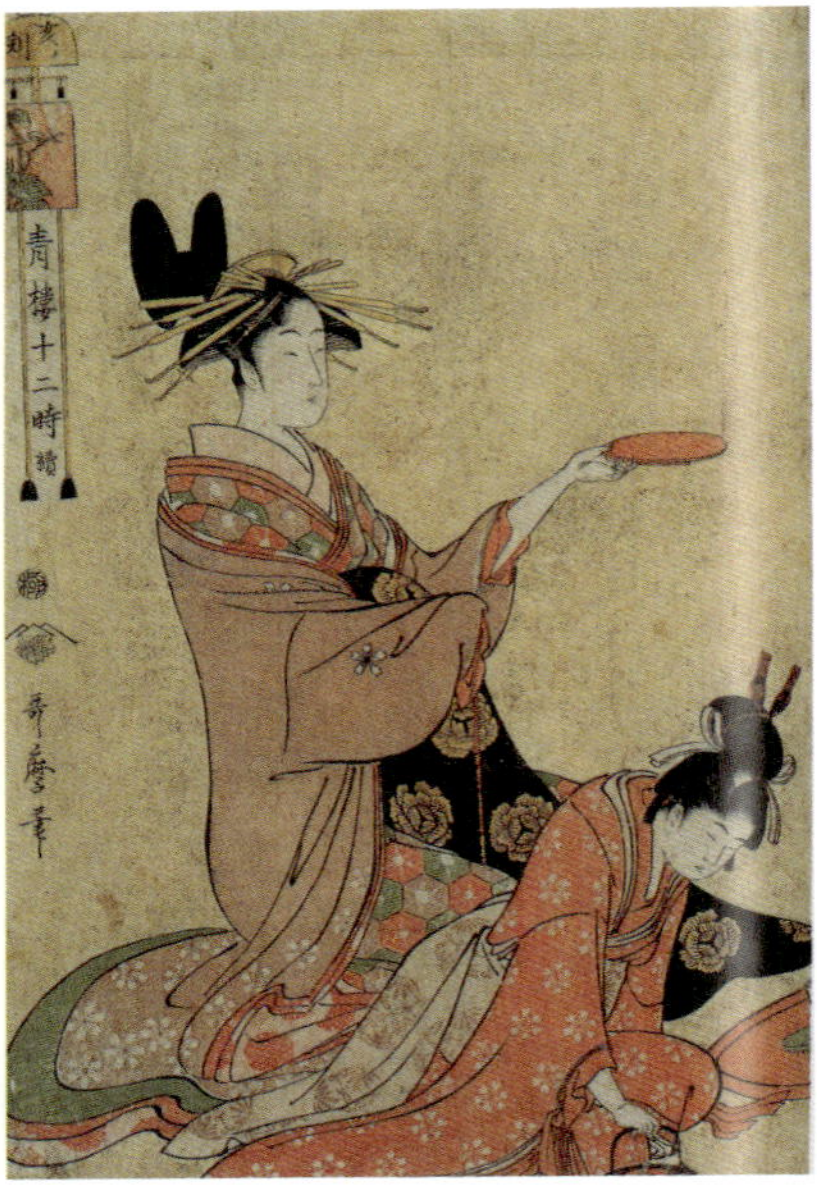

亥の刻（夜四ツ）

子の刻（真夜九ツ）

をしようという女郎屋としては売上げが上がりません。なので、客をあおって、まだまだ宴会が続くようにします。

正式には、この時間が吉原の営業時間が終わるときなのですが、どういうわけか、吉原では一時《とき》遅れの真夜九ツが終業時間という慣習になっています。

◆真夜九ツ（午前0時）

この時間を吉原では「引け四ツ」といいます。町奉行から認められている営業時間を暗黙の了解で、伸ばしてもらって、この時間が営業終了時間です。さすがに、この時間になると、宴会も終わり、いよいよ床入りの準備が始まります。

花魁は寝間着に着替えるために、座敷を離れ、別室で着替えます。自分の部屋で宴会をしていた場合は、控えの間に下がります。自分の部屋がない女郎は、同僚たちと共同で使っている支度部屋に下がります。

その間に、禿や振袖新造が客を便所に案内し、その間に若衆が部屋を片付けて布団を敷きます。床の準備ができたら、客は布団の上に座って、女郎の来るのを待ちます。

ここで、女郎はどうするのか。上客や将来を期待できる客なら、早々に部屋に戻りますが、馴染み客で、宴会抜きでどうしても会いたいという客が来ていたら、待たせたその客の床へ行き、その後、先ほどの客の床へ戻るという女郎もいるし、反対にまずは宴会をしてくれた客の床へ行き、客が寝入ったら、待たせた客の床へいく。まあ、よくあることのようです。

自分の専用の部屋を持っていない女郎は、空いている小部屋の廻し部屋、反対に広い部屋に屏風で区割りして布団を敷いた「割床」へそれぞれ客を案内します。

◆夜八ツ（午前2時）

こうして、夜は更け、「草木も眠る丑三つ時」ともいわれる八ツ過ぎには、それぞれの部屋もやっと静かになり、微かに聞こえるのは夜回りの「火の用心」の声だけです。

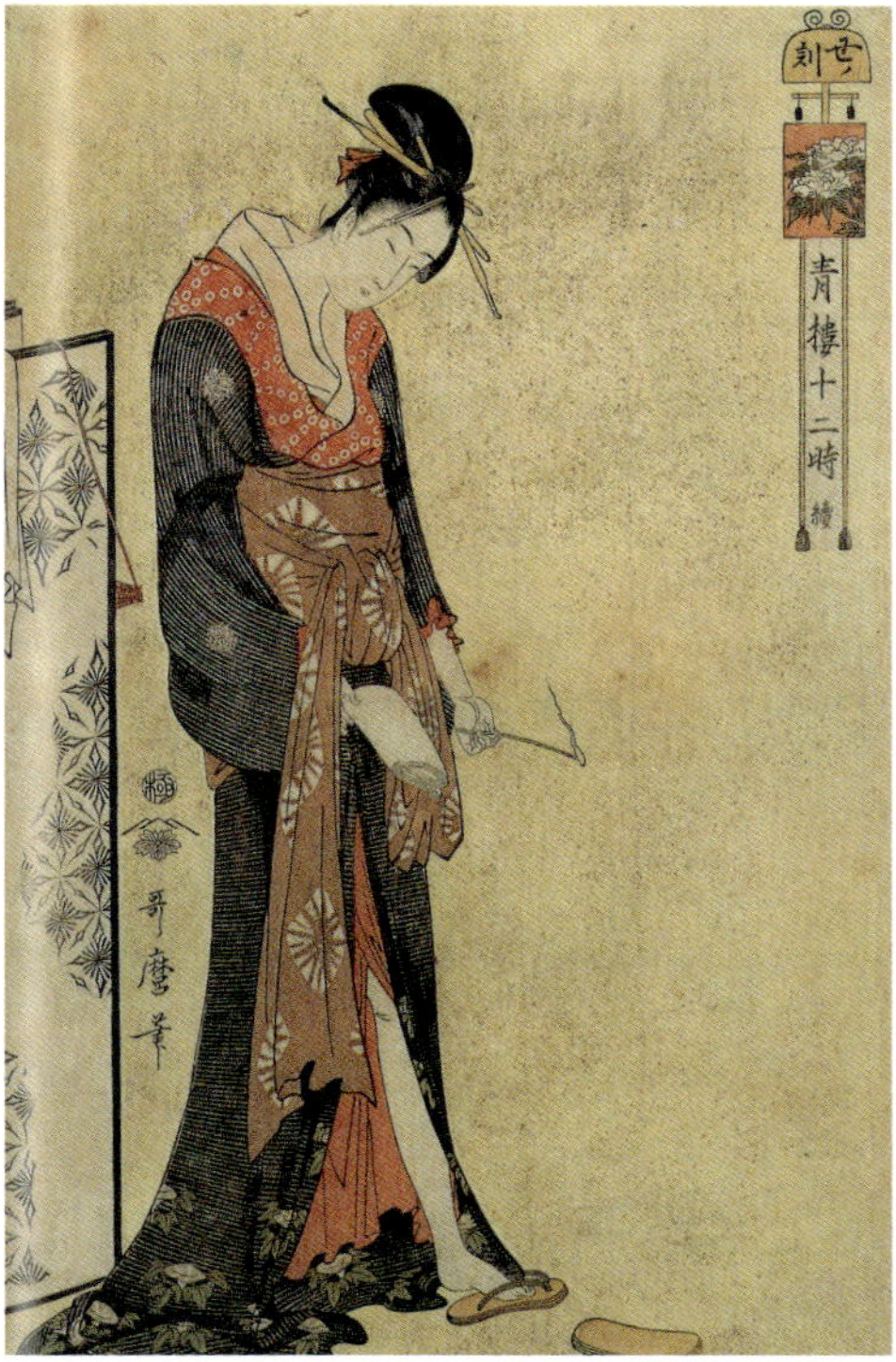

丑の刻（夜八ツ）

考証の栞　花魁道中の並び順

花魁道中の並び順は決まっていなかったようですが、浮世絵などに描かれている道中の絵を見比べると、次のようなのが多いです。

往きの先頭は呼出しや女郎屋の家紋が入った箱提灯を持った若衆で、これに続いてを禿二人、呼出し、呼出しに傘を差しかける若衆、振袖新造二人、番頭新造一人、遣手の以上9名が行列を組んで女郎屋のある通りから仲の町の通りを進みます。ただし、事情によっては、人数が減ったり並びが変わったりすることはありますが、その華やかさは格別です。

復路は引手茶屋で待っていた客が参加することもあります。その場合、客は先頭か花魁の傍かこれも決まりはありませんが、その取り巻きに男芸者（幇間）などが賑やかに話しながらついていきます。さらに、引手茶屋の若衆、女将などが連なる場合もあり、大行列になることもありますが、これも吉原を盛り立てるイベントと考えれば、納得できます。

「青楼年中行事」仲の町花盛之図 歌麿画

五 女郎の手紙から見る、手練手管

女郎は客に来てもらうために、いろいろな手練手管を使いました。

まずは、朝帰る客を送るときには、見世の戸口、時には仲の町の通りや大門まで見送りに出て、情を繋ぎ、次の来訪を約束させるのです。

次は手紙を書きます。
◆昨夜来た客には、昨夜の礼、話足りなかったこと、また会いたい、そして近いうちに来てほしい、などを書きます。
昨夜のぬくもりが忘れられないうちにこうした手紙が届くと、客は早く行こうという気になるのです。
◆馴染みになった客には、風邪など引いていないかなどの心遣いを書きます。数日会ってないのにもう長く会っていないような気がする。客が好きだという料理も用意してあるので、早く食べに来てほしい。
客の好みも把握して、女房気取りの言葉も出て、客に俺の女という錯覚を起こさせます。
◆久しく遠のいている客には、体調への気遣いなど、客を心配している言葉を並べたうえで、自分がどれだけ会いたく思っているかをつづり、最後に、今度一緒に桜が見たいとか、玉菊灯籠が見たいなど、イベントがらみで誘います。

吉原や女郎本人に飽きてきた客には、吉原のイベントは有効だったようで、久しぶりに行ってみようかという気を起こさせたようです。

こうした手紙は女郎の直筆で書くのが原則です。そのため、禿時代の教育の第一とされ、吉原で育った女郎は皆、読み書きはできました。ただし「警動《けいどう》」などで、他の岡場所から連れてこられたり、大人になってから吉原に売られてきた、下位の女郎には読み書きができない者もいました。そのため代書屋がいて、手紙を代わりに書いてくれました。

では、これら手紙の文章は毎回オリジナルで書かれていたかというと、実は教本があったのです。現存するものでは『遊女案文《ゆうじょあんもん》』というのがあります。客との関係などのタイプ別にお手本の手紙文が書いてあり、これを写すか少し変えて書けば大丈夫です。中には、自分が作った和歌や俳句を書き添えたりして教養のある一面を見せる女郎もいます。この手紙はかなり強力な一打になるらしく、女郎は張見世に並んでいるときも、後ろのほうで書いている者もいました。

こうして、書きあがった手紙は、吉原内に住む「文使い」に使いを頼んだようです。客まで届けさせるか、客が立ち寄る今戸の船宿に届けさせておきました。そうすると、船宿は柳橋にあるもう一方の船宿まで届けておきます。客は吉原にわざわざ行かなくても柳橋で受け取れます。もちろん、事前に手紙を受け取ってなくても、当日、船宿で受け取ることができます。吉原に向かう途上、手紙を読んだ客の気分を上げる効果は絶大です。

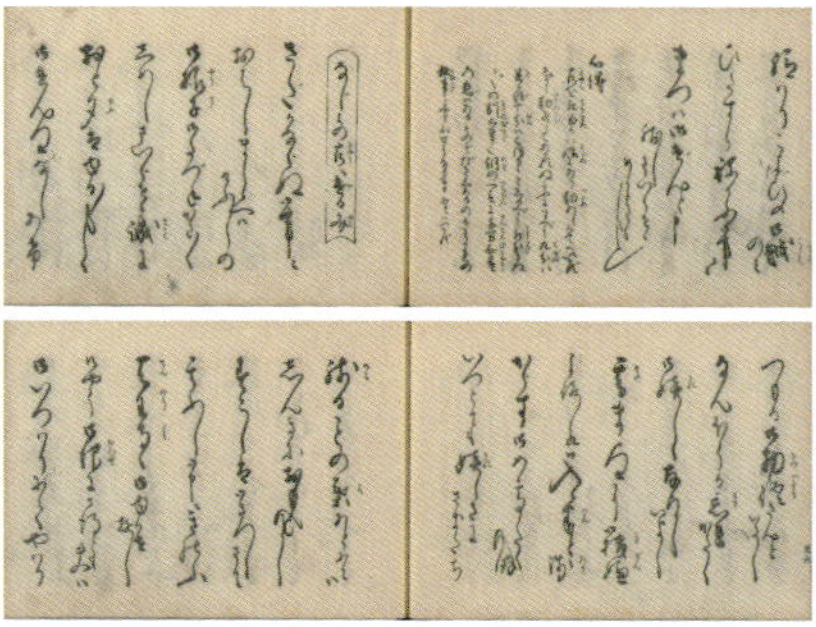

『遊女案文』　国立国会図書館所蔵

なじみの客《きやく》へ遣《や》る文《ふみ》

（「遊女案分」より）

さだかならぬ御事ニおはしまし候へはけふしの御様子《やうす》御たづねかた〳〵しめしまいらせ候く誠《まこと》におと夕《ゆふ》はゆる〳〵しく御けん《まいらせ候》あけ〈廿六オ〉つもる御物語《ものがたり》たんといたしなんほうか忘《わす》れかたく御嬉《うれ》しく存《まいらせ候》いよし其《その》まゝ《まいらせ候》御機嫌《きげん》よろしく御入候半《はん》と浅《あさ》からす御めでたく存《まいらせ候》いつとても嬉《うれ》しさにさきたち〈廿六ウ〉残《のこ》ることの葉《は》あとにてはしんきにおもひ《まいらせ候》すこしは御さつしまて其ふし御申ニきのふ天王寺《てんのうじ》へ御ゆかせ遊し候やう御仰《おほせ》に候得とも夫は御いつはりにてやはり〈廿●オ〉南の錦さんとやらいふおかたの顔見《かほみ》に御ゆかせとにくましくぞんし上《まいらせ候》しかし一たん申かわせし御事も御座候へは此末《このすへ》御見捨《みすて》下されまじくもはやこなた事も〈廿七ウ〉来年《らいねん》の八月にはねんもあき候しまゝとふそ〳〵夫迄《それまで》御しんぼう御なし下され候とかく御しらせの通《とを》り末《すへ》〳〵便《たより》もなき身《み》にしなれは御申の御事かならす〳〵〈二十八オ〉御わすれ下されましく候しかしまだねんも長《なが》き事ゆへさだめし夫迄は御またせあるまいかといつかう〳〵気《き》すみいたし申さす候ならふ事ならじやうぢう御顔《かほ》が見て〈二十八ウ〉ゐ

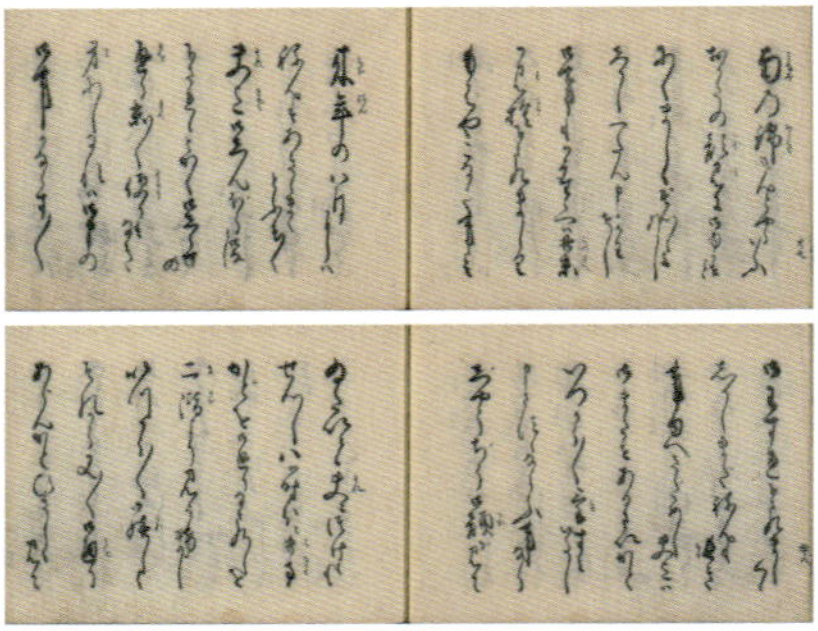

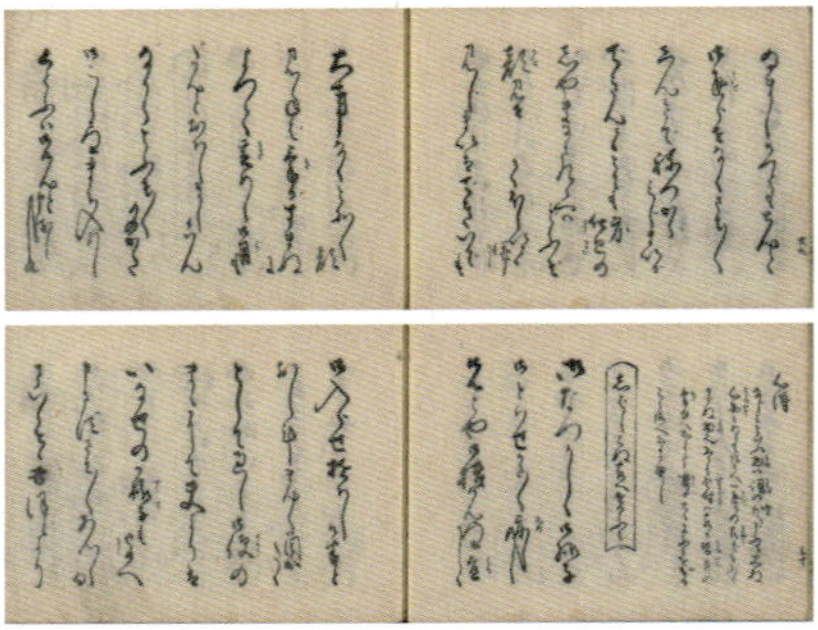

たい二候夫《それ》二つけてもせんし八ッ時分二此方《こなた》かどを御通りなされしを二階《にかい》より見うけましいつかう〱御嬉《うれ》しく それから又〱御通《とを》りあらんかとひさしく見て〈廿九オ〉ゐまし候へともとんと御通《とを》らせなくさて〱しんきでねつからみじまいができん二候とても身仕廻《みしまい》のじやまなされ候へはどふぞ顔《かを》見みせてほしい二候併《しかし》見じまいはできいでも〈廿九ウ〉大事なくとに〱顔見ねば気《き》がすまぬによつて定《さだ》めし御用《よう》もたんとおはしまし候はんなからとふそ〱夕かた御こしまゐるまち入《まいらせ候》くとふは御けんと申残しかしく〈三十オ〉

心得

なじみといふ物《もの》は詞《ことば》の外《ほか》ニどふもいへぬ心安《こゝろやす》みありてたとへ一通《とを》りの客《きゃく》でもにくからぬ物《もの》也しかし今時《いまどき》は客か皆色《みないろ》の気《き》ゆへしよじ●がとゝにふみを遣《や》るこゝろへしかるへし

考証の栞 吉原の紙事情 ～天紅と紙花

ドラマ『べらぼう』の吉原では、いろいろな種類の紙が登場します。

特に、吉原の女郎が手紙を書くシーンで登場した「天紅《てんべに》」という巻紙は印象的でした。上質の巻紙の上の淵を紅色に細く染めた紙で、女郎が客に送る手紙に使用されました。

初期の頃は、書きあがった紙を、包み紙に包むために再び丸めたとき、その上の端を女郎が自ら口に挟んで、口紅を付けたことに始まりました。これだとむらができたり、女郎の手間も大変だというので、最初から上端を紅色に染めた既製品の「天紅」が売られるようになりました。

蔦重の時代には、かなり普及したようで、浮世絵の中にも、喜多川歌麿の『青楼十二時』の「戌ノ刻」で、天紅の紙に手紙を書いている女郎が登場しています。さらに安政年間に描かれた歌川豊国の『江戸名所百人美女』に登場する「湯島天神」では、年若い町娘が恋文を書くのにも天紅の巻紙を使っていますから、かなり流行したようです。

しかし、現代では販売する紙店はないようで、美術スタッフが製作しました。ただ、細い紅の幅がなかなか決まらず、苦労していたようです。

次に印象的に使われた紙が「紙花《かみばな》」です。

お大尽の客が、派手に紙花をまいて、禿や女郎はもとより、女郎屋の従業員全員に振舞うという豪気なシーンに使われました。

紙花は本来、元禄時代の紀伊国屋文左衛門などが、小判を撒いたことの代わりに、懐に入れていた「懐紙」を撒いたことに始まります。この懐紙を拾った者は、翌朝、女郎屋の内所（主人）に届ければ、金一分（2万5000円）に変えてもらえます。

中には客が撒いた紙以外の紙を持ってくるような不正を働く者もあったようで、のちに紙は女郎屋があらかじめ両替して用意したものが使われるようになりました。

1枚2万5000円、10枚撒けば25万円、ドラマでは50枚くらい撒きましたが、実際江戸のお大尽はどのくらい撒いたか気になります。

『江戸名所百人美女』「湯島天神」
天紅の紙に恋文を書く町娘

吉原噺 陸

吉原の風景

～吉原歳時記

一、弥生の桜 〜吉原の桜は植樹だった!?

二、吉原のお盆行事「玉菊燈籠」

三、吉原の芝居芸能　俄(仁和賀)

四、師走から正月の吉

吉原は最新のファッション、踊りや歌と流行の発信基地であり、赤を基調とした派手な建物に花魁の豪華な衣装などで非日常を演出した街でした。吉原を訪れる人々の約7割は見物目当てだったとも言われています。そんな江戸のアミューズメントパークである吉原では季節感などをうまく取り入れる演出でお客たちを楽しませていました。本章では吉原の行事、イベントを紹介。吉原楼主たちのお客を呼ぶためのさまざまな演出に驚くはずです。

一 弥生の桜

～吉原の桜は植樹だった!?

吉原の絵画や浮世絵といえば、仲の町の通りの真ん中に植えられた桜をテーマにしたものが多いです。

有名なところでは、初代歌川広重の『東都名所新吉原五丁町弥生花盛全図』というのがあります。文化《ぶんか》12（1815）年～天保《てんぽう》13（1842）年頃に発行された三枚組の浮世絵です。広重は仲の町の通りを画面中央に斜めに横切るように描き、その道沿いに並ぶ引《ひき》

手《て》茶屋《ぢゃや》の一軒一軒、そして通りを行き交う人々の職種も判別できるほど細かく描いています。そして圧巻なのが通りに描かれた満開の桜並木です。

大門から水道尻まで、途中で江戸町、角町、揚屋町の通りが横切るところを除いて、およそ200メートル。周囲を青竹の垣根で囲い、根元に黄金色の花が咲く山吹を植えています。単に景色を作るだけでなく、桜の根元の保護も考えており、当時の江戸の植木屋の技術力の高さも窺えます。そして桜の樹高も、引手茶屋の二階からの眺めを意識して二階の欄干くらいに揃え

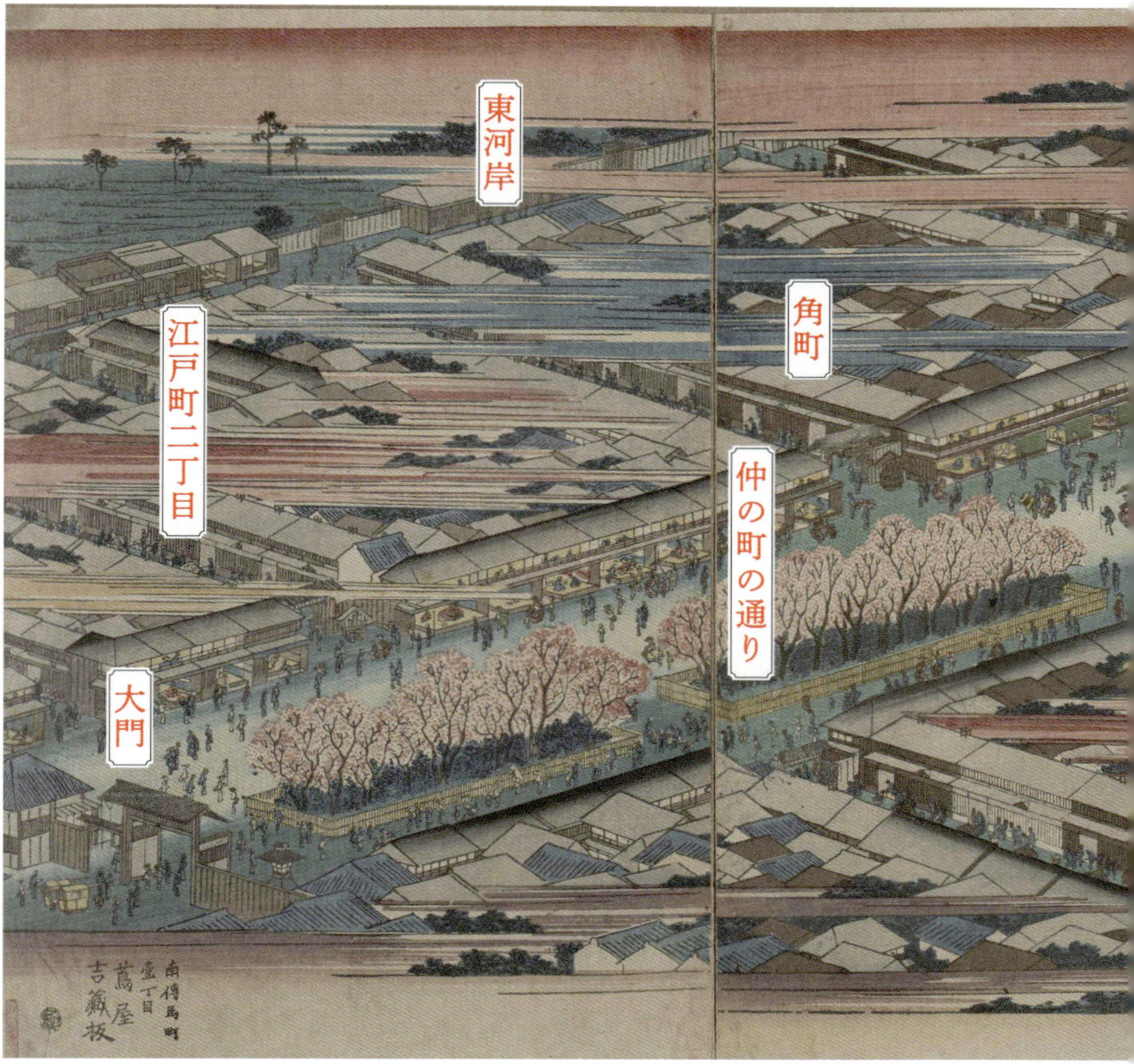

東都名所 新吉原五丁町弥生花盛全図 歌川広重画（天保の頃）東京都立中央図書館蔵

ています。

桜並木は弥生3月だけの限定的な景色で、他の月に出かけても見ることはできません。それはこの桜が地植えのものでなく、近郊の**植木屋**で育てられたものを運んできて植えたものだからです。植え込みは2月中旬から始まり、3月上旬には終わるのですが、そのときには咲き始めるように工夫して栽培しました。植木屋は時代によって箕輪・三河島と移り、その費用は天保年間に150両（1200万円）だったと言われています。そして3月末には、引き抜いて元の更地にします。

なぜ、こんなことを始めたのでしょうか。寛保《かんぽう》元（1736）年、または寛延《かんえい》元（1748）年の二説がありますが、どちらにしても蔦重が生まれる少し前のことです。この頃、岡場所が盛んになり、特に深川に客を奪われていました。各岡場所からの働きもあり、町奉行は**岡場所6カ所**を「売女御免」の場所にしようとしました。しかし、吉原の強い反対で沙汰止みになりましたが、吉原は危機的状況になっていたのです。

そこで、「吉原こそが江戸唯一の遊廓」ということを表すために、客寄せの奇策を考えました。まずは、仲の町の引手茶屋の軒下に鉢植えの桜を置いたのです。これが評判となり、客足が増えたのです。そこでその次に仲の町の通り全体に桜を植えることにしたのです。定植ではなく、花が咲いている

江戸の植木屋
江戸時代後期は園芸が盛んで、植木屋では桜の品種改良が行われ、多くの品種が生み出された。代表的な桜の品種であるソメイヨシノも、江戸時代後期に新しく生まれた。その誕生には諸説あるが、江戸末期に江戸の染井（現在の東京都豊島区駒込〜巣鴨のあたり）の植木屋から売り出されたと言われている。

岡場所6カ所
深川州崎、深川八幡前、本所横堀鐘撞堂辺、護国寺音羽町、根津門前、新氷川門前の6カ所。

「東都名所吉原仲之町夜桜」歌川広重

「江戸名所よし原仲の町桜の紋日」歌川広重

間だけのあくまで仮植えです。花が散ってしまえば、人々を引き付ける魅力がなくなります。さすが、**亡八**の考えることです。

おかげで夜桜が楽しめる場所として、客足が戻ってきました。当時、桜の名所として有名だったのが上野の山でした。しかし、**寛永寺**の境内だったので、酒はもちろん音曲も駄目、しかも夜間は立ち入り禁止でした。それに対して吉原は昼から酒が飲めるし、夜は提灯や雪洞に照らされた夜桜が楽しめて、妖艶な女郎を侍《はべ》らしての宴会もできるというので、大変な人気になったのです。

さらに、この風景を浮世絵にして大宣伝したため、吉原は江戸の桜の名所となりました。

亡八
忘八ともいい、「仁・義・礼・智・忠・信・孝・悌」の8つの徳目のすべてを失った者の意味から、廓通いをすること。また、その者。それが転じて、女郎屋やその主人を指す。

寛永寺
天台宗の別格大本山のお寺で、寛永2（1625）年に、徳川幕府の安泰と万民の平安を祈願するため、江戸城の鬼門（東北）にあたる上野の台地に、慈眼大師天海大僧正によって建立された。

二 吉原のお盆行事「玉菊燈籠」

吉原のお盆行事といえば、「玉菊燈籠《たまぎくどうろう》」が有名です。本来のお盆は7月13日なのですが、吉原では7月1日から揃いの灯籠を出し、途中12日で一旦降ろし、改めて15日から今度は各茶屋ごとが工夫した灯籠を出して、7月の末まで掲げます。

これを「玉菊燈籠」といい、女郎玉菊の追善だというのです。

そもそも玉菊というのは、享保11（1726）年に死んだ角町の中万字屋《なかまんじや》の女郎で、享保8（1723）年の細見に「散茶女郎」として載っていたといいますから、中級の女郎です。

玉菊は**浄瑠璃**の一種である河東節の名手で、気立てもよかったことから人気者でしたが、生来の大酒飲みであったため、3月29日死亡しました。

その盂蘭盆《うらぼん》に玉菊を偲ぶため、茶屋の有志が語らって追善の提灯を揚げたのが最初だと言われています。

浄瑠璃
三味線を伴奏に使い、太夫が語る詞章と旋律によって物語を進めていく音曲の総称。義太夫節とも呼ばれる。

『青楼年中行事』燈籠の図 喜多川歌麿画

提灯の模様が赤と青の縦筋だったため、斬新で好評だったらしく、翌年もまた飾られました。

そして、三回忌には玉菊の河東節の師である十寸見蘭州によって追善の歌集が出版され、その中の曲が評判になって、吉原に足を向ける客も増えてきました。


そこで、吉原では玉菊追善を客寄せにしようと、元文《げんぶん》3（1738）年には提灯の赤と青だった縦筋に黒も加えて賑やかにし、それ以外も箱提灯や切子灯籠、廻り灯籠なども出てきました。


そこで、前半の12日までは仲の町の茶屋は揃いの提灯を軒下に吊るし、後半の15日からはそれぞれが工夫した灯籠を吊るしました。この工夫が段々競争になり、追善というより祭りのような騒ぎになっていきました。

そのため、7月の夕方には大勢の見物客が来るようになり、仲の町の通りは混雑するほどでした。

これがまた評判を呼び、女性客も増えてきました。そのため、門を出るとき逃亡する女郎に間違われないように、茶屋が「通行切手」の増刷を四郎兵衛会所に頼んでいたようです。

会所はこれを五十間道の茶屋に依頼していたようで、これが蔦屋重三郎の稼業の一つでした。

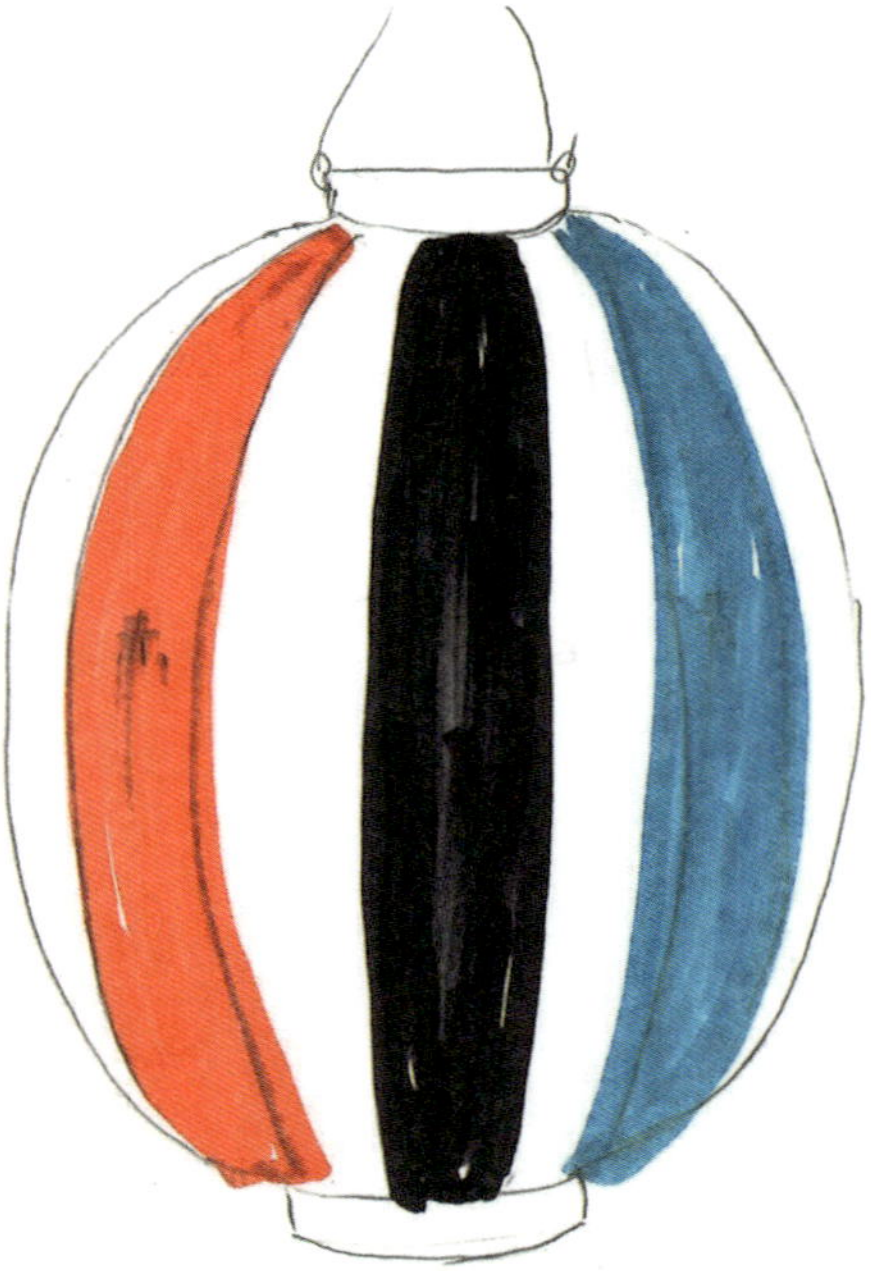

筆者山田が推定した玉菊燈籠 青黒赤の三縦筋提灯

『新吉原中ノ町之図』歌川豊春画
仲の町の茶屋の軒先には切子灯籠が吊るされている。

三

吉原の芝居芸能

俄（仁和賀）

『俄《にわか》』とは、現在でも大阪・博多・熊本・佐賀などで行われている芸能ですが、明和年間（1764～1772）に京都の島原から入ってきたと言われています。吉原の秋葉権現《あきばごんげ》の祭礼にやっていた、または九郎助稲荷の祭りに始めたとも。さらには仲の町の茶屋の桐屋伊兵衛が芝居の真似事が好きで、角町の女郎屋中万字屋などと座を組み、仲の町の通りで歌舞伎の物真似の俄芝居をしたことによるという説もあります。ただし、いずれも確証はありません。

そこで、安永《あんえい》6（1777）年に本格的に吉原俄が行われたときに蔦重が発行した『明月余情（めいげつよじょう）』という絵本に明誠堂喜三二が書いた序文を引用しましょう。

『明月余情』一編　安永6年仲秋　序明誠識　1ページ目表紙
吉原俄の模様を描いた絵本「明月余情」（朋誠堂喜三二序）を安永6（1777）年に発行。

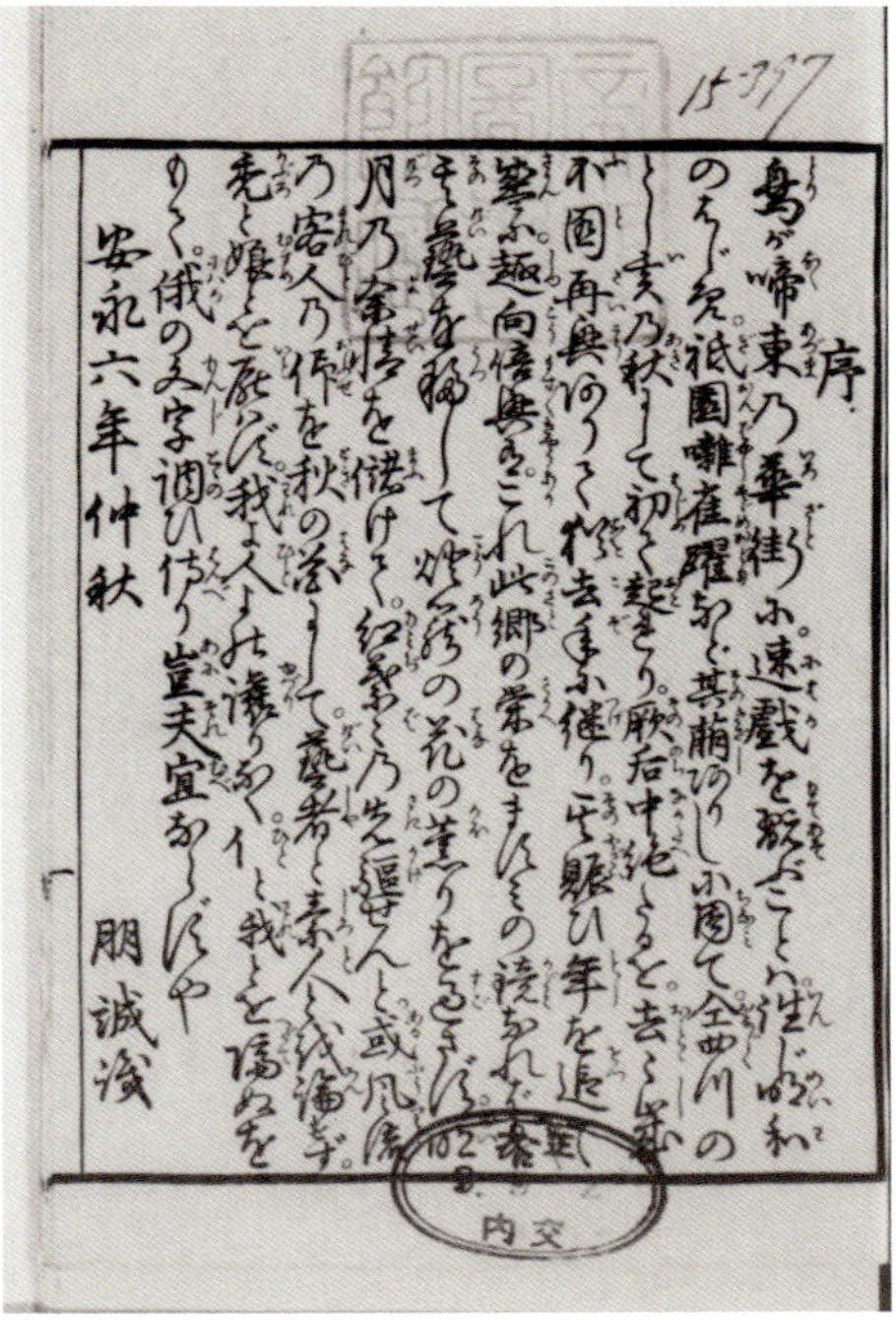

『明月余情』一編 安永6年仲秋 序明誠識
3ページ目序文

序

鳥が啼く東の華街に。速戯《にわか》を玩ぶことは。むかし明和のはじめ。祇園囃雀躍《ぎおんばやすずおどり》などその萌しがあった。並びに明和四年丁亥（1767）の秋に初めて起こった。そののち中段したが、一昨年安永四年（1775）再興して昨年も継いた。その賑わい年を追って盛んに。趣向興が倍する。これこの郷の栄を正直に表す鏡。

各々その芸を映して燈籠の花の薫りをとどめておく。明月の余情を準備して。紅葉の先駆けとする。ある風流な客人の仰せを秋の花にして、芸者素人を分けることなく、秃と娘を嫌がらず、我と人との譲りなく、人と我との隔たりもなく、俄の文字が調った。もっともなことである。

安永六年（1777）仲秋　明誠識

というわけで、明和のはじめに京から伝わった祇園囃雀躍などが発端で、その後いろいろな催し物が追加されたり、中止されたりしたが、安永4年には「俄」祭りとして行われるようになりました。そして、この祭りは芸者を中心に、禿や見世の若衆などが参加して、オール吉原でやろうという趣向となり段々に盛り上がります。

そこで、それを題材にして『明月余情』という絵本を出したのが蔦重です。しかし、同時に西村屋与八という板元からも『青楼芸者俄狂言尽』という揃い物の浮世絵が発行されました。

絵を比較すると、『青楼芸者俄狂言尽』は絵師が『雛形若菜初模様』と同じ磯田湖龍斎ということもあり、俄の衣装を着た芸者が上品にポーズを決めている記念写真のような感じがします。しかも着物の柄まで丁寧に描かれていて、これには「雛形若菜」のように芸者本人か呉服屋のスポンサーがついているのではと思わせます。そこで、確証はありませんが、一枚ものの浮世絵として販売されたので、俄の前に宣伝ポスターとして、作成されたものではないかと

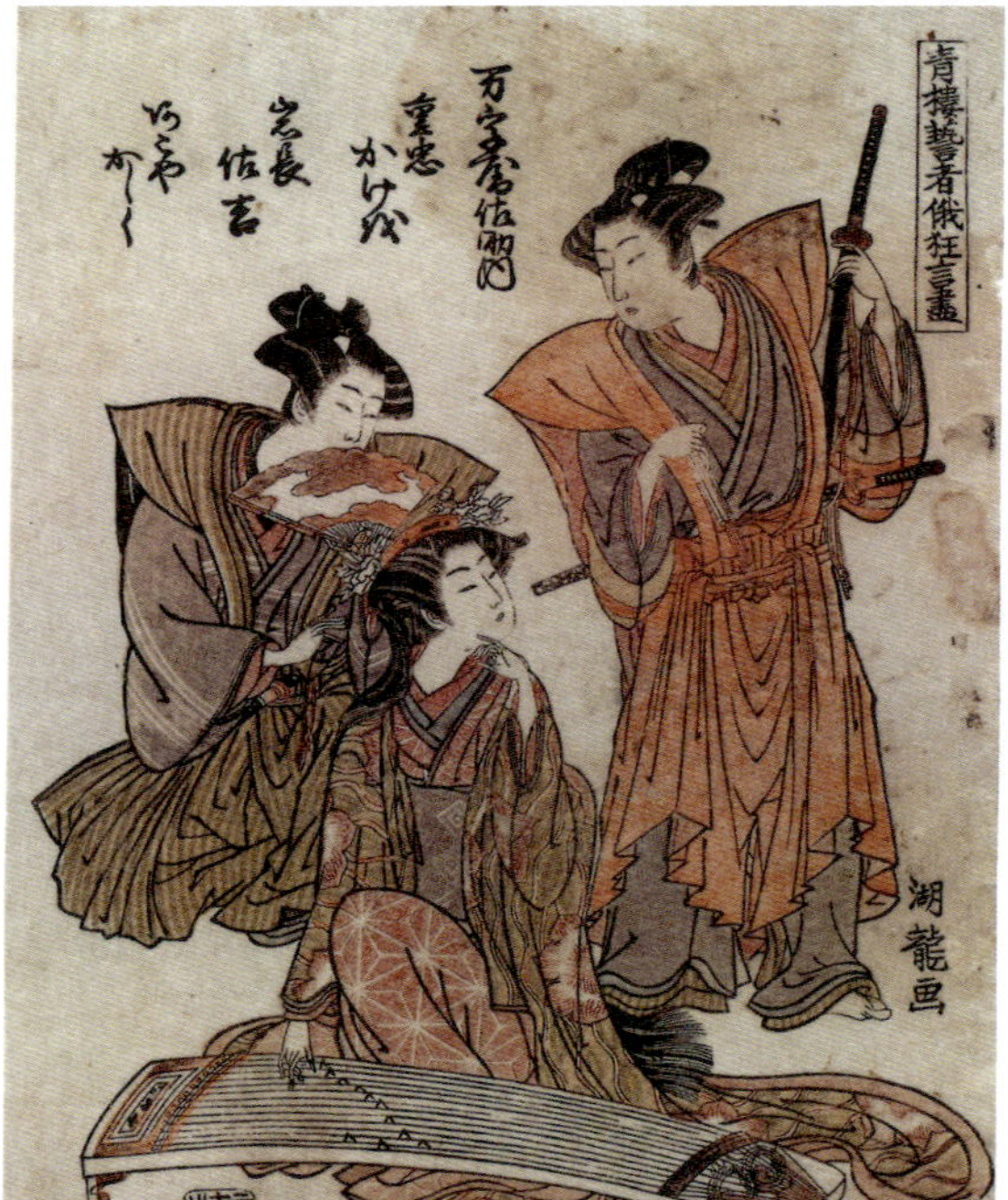

『青楼芸者俄狂言尽』磯田湖龍斉画 西村屋

考えました。

反対に、蔦重の『明月余情』は、墨摺り一色ですが、一つひとつの出し物に躍動感があり出演者全員を描こうという広い視点で描かれており、まるで報道写真のような臨場感があります。もちろん着物の柄などは簡略です。

しかも一冊では全部描けないので、追々描いて発行すると跋（あとがき）には書いてあります。つまり、こちらは俄の開催中もしくは終了後に発行された記録写真集という感じでしょうか。

この両者の競い合いの結果の詳細はわかりませんが、西村屋はその後『青楼俄狂言尽』『青楼芸子俄狂言尽』『青楼俄狂言尽』『青楼仁和嘉尽』『青楼万歳俄』『青楼仁和嘉』と続きます。蔦重は一枚物の番付を発行していましたが、あまり熱心にやっていません。やはり企画倒れだったのでしょうか。

まあ、こんな場外乱闘はありましたが、俄自体は芸者が中心になって継続しましたが、初期ほどの集客には結びつかなかったようです。

それは、安永8（1779）年に、吉原内に芸者の見番ができたため、それまで女郎屋の所属だったり、フリーでやっていた男芸者40人女芸者50人が組織を組んで運営するようになったためで、女郎屋の応援が少なくなり、資金が不足し始めたためのようです。

次ページからはそれぞれの演目に関して、『明月余情』をもとに説明をしていきます。

●『明月余情』で見る吉原俄の様子

（『明月余情』一編 安永6年仲秋 序明誠識 3ページ、『明月余情』一編 安永6年仲秋 序明誠識 4ページ）

正月曽我　正月

江戸町一丁目五節旬の遊

女朝比奈

五節旬の
まつかね屋内
江戸町一丁目

中の町
子供花出し二十人余

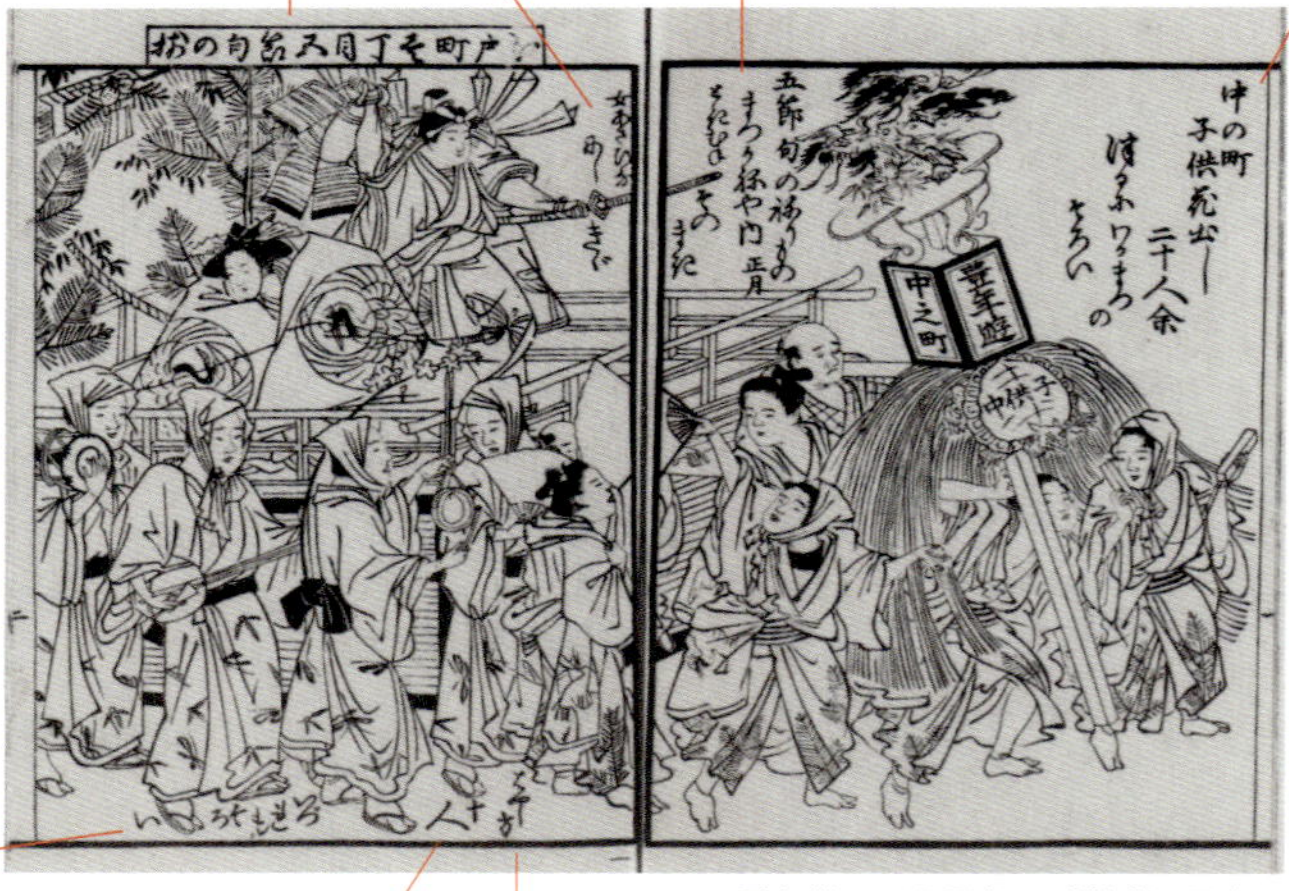

いづれもそろい

十人

ちゃ方

歌舞伎の正月興行に「曽我狂言」を行うしきたりがあった

五月端午　三月闘鶏

五月のてい

まんじや（万字屋）
うち二人

三月
とりあわせのてい

まるや（丸屋）

かわうちや（河内屋）うち

むめばちや（梅鉢屋）うち

みのやうち

『明月余情』で見る吉原俄の様子

（『明月余情』一編 安永6年仲秋 序明誠識 5ページ、『明月余情』一編 安永6年仲秋 序明誠識 6ページ）

九月菊奴　　七月虫売

芝居ネタ。舞踊「菊づくし」の中の一つ、「菊づくし」がヒットしたので、踊りも流行った。

芝居ネタ。安永3年に中村富十郎の「虫売り」がヒットしたので真似た模様。

十二月大かぐら　　十月うしろめん

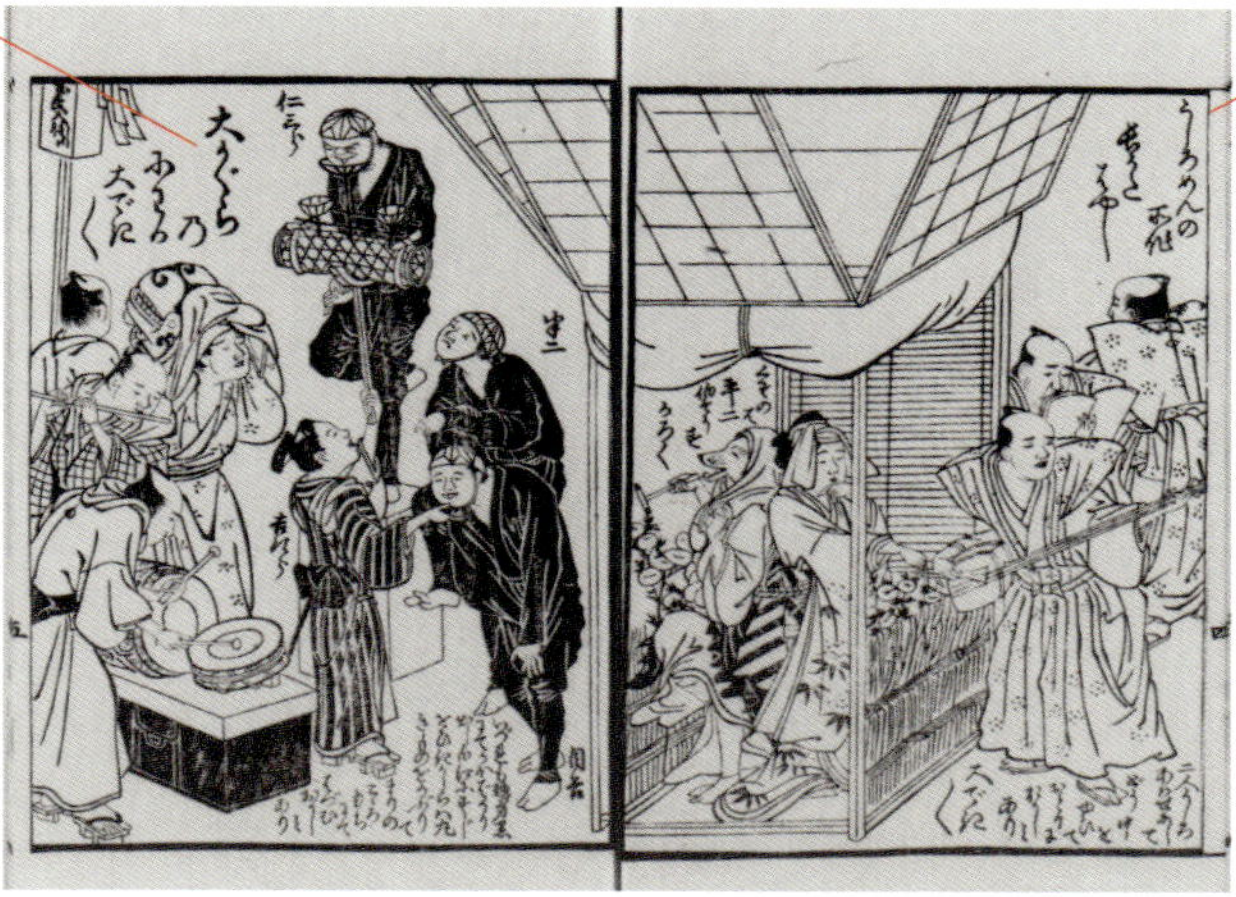

【左ページ】 農閑期になると、伊勢方面から太神楽（曲芸）をする大道芸の集団が江戸に来る。これが来ると、年の瀬という雰囲気があるので、一年の〆に出したのでしょう。

【右ページ】 芝居ネタ。「後ろ面」は舞踊で、後ろ頭に面を付けて、一人二役を演じるもの。絵では中の女性と背中合わせにキツネの面を被った者が、縄で括られている。身体は一つ、面は二つのつもりか。ちなみに、これは二代目瀬川菊之丞の当たり所作で、お座敷遊びとして流行った。廻りの柴垣と花は、瀬川の浮世絵に合わせている。

『明月余情』で見る吉原俄の様子

（『明月余情』一編 安永6年仲秋 序明誠識 7ページ、『明月余情』一編 安永6年仲秋 序明誠識 8ページ）

江戸町二丁目の七福神当世遊び

これこれ
きりちん

なんだなんだ

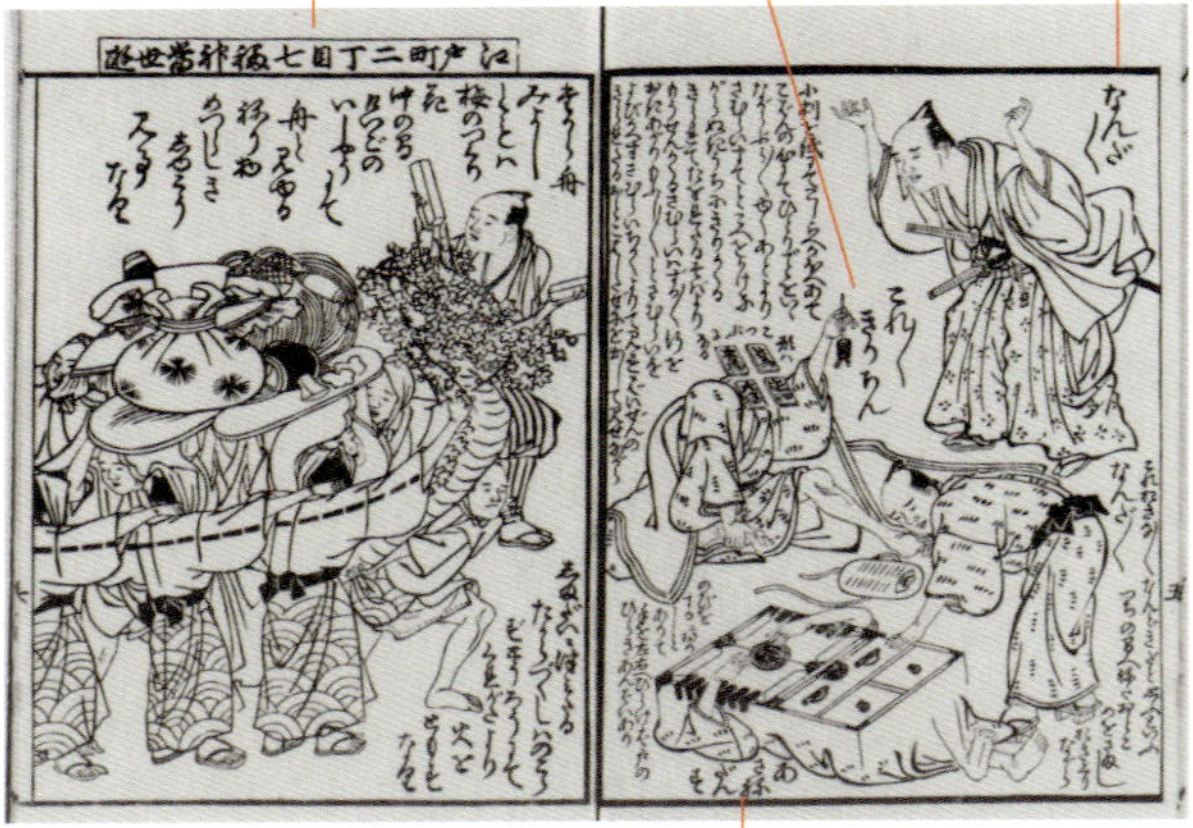

あさねだんす

【落語ネタ】

小咄（落語の原型）を寸劇にしている（現代のコント）。
ストーリーは、紙で作った小判の面を付けていた男に、侍が「なんだなんだ」と寄ってきて、いきなり抜き打ちに切りかかり、男は倒れた。侍が行こうとすると男が声をかけたので、振り返ると、男の顔が小粒（一分金）になっており、手に端金を見せて「これこれ切り銭(ちん)」と言った。
もう一つは、別な話で。
土の上に倒れている男に、起こすように声をかけると、寝てる男は目を覚ましたが、立ち上がらず、手を左右に開いている。「なんだなんだ」と声をかけると、「あさねだす」（朝寝だす）（重ねだす）とシャレを言った。

恵比寿・大黒＝丁子屋
弁天・福禄寿＝かど蔦屋
布袋＝若那屋
寿老人＝玉屋
毘沙門天＝家田屋

●『明月余情』で見る吉原俄の様子

（『明月余情』一編 安永6年仲秋 序明誠識 9ページ、『明月余情』一編 安永6年仲秋 序明誠識 10ページ）

中の町管弦唐人揃

大万燈、茶屋
子供中三十人余

はやしうた
女芸者
十六人余

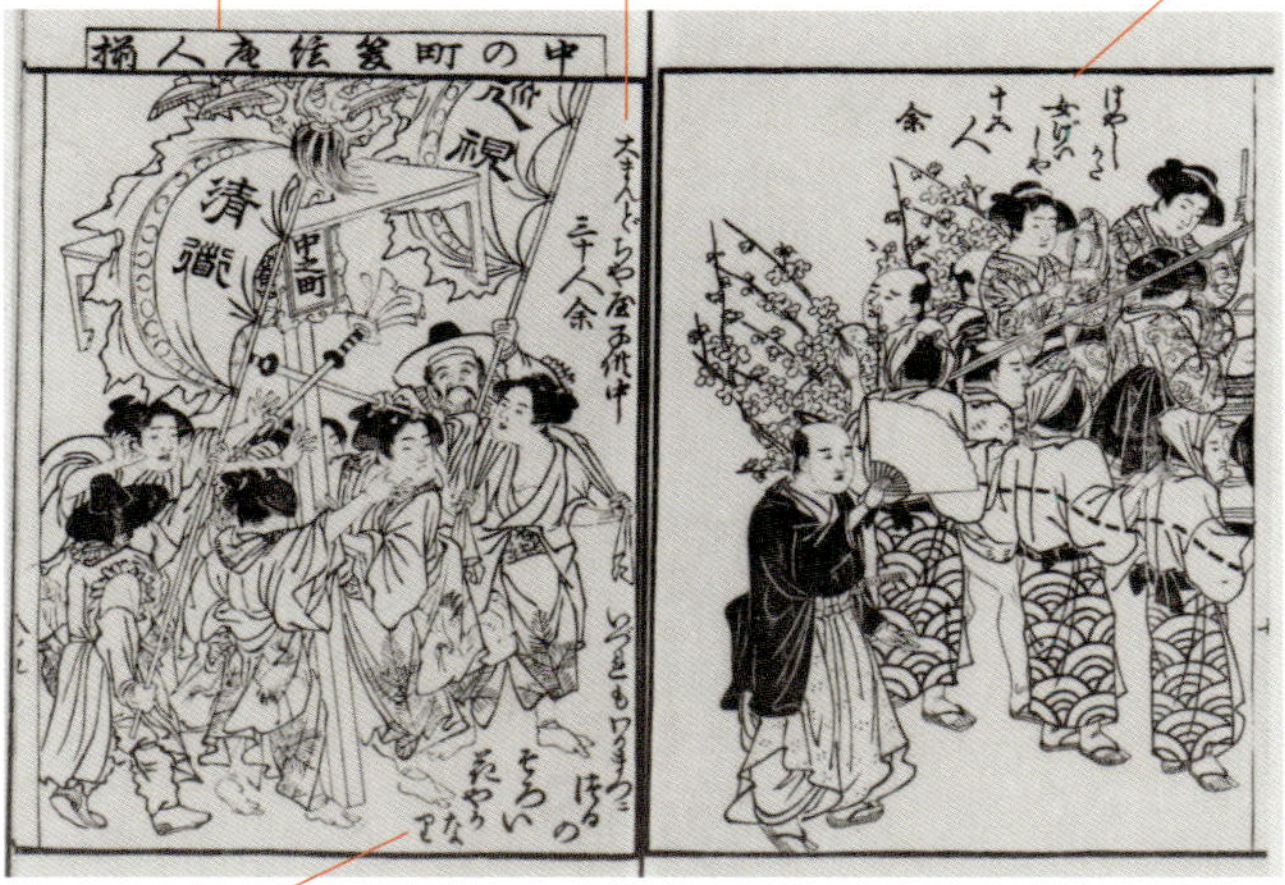

いづれもわかまつに
はるの
そろい
花やかなり

唐人
黒仕立ての
揃い
六十人余

『明月余情』で見る吉原俄の様子

（『明月余情』一編 安永6年仲秋 序明誠識 12ページ）

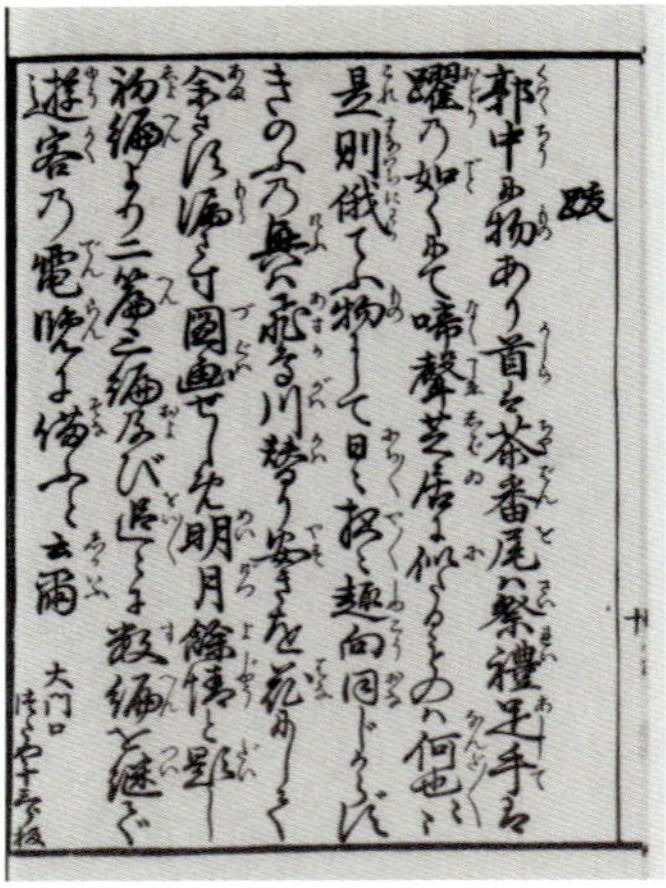

跋

廓中に物あり首《かしら》を茶番とは祭礼足手は躍のごとくにて啼聲芝居に似たることのは何也何也。これ則ち俄てふ物にして日々様々趣向同じにならず。昨日の興は飛鳥川《あすかがわ》替《かわ》り安きを花にした余り江《え》漏《もら》さ寸《ず》図画せし所明月余情と号し初編より二編三編及び追々に数編を継ぐ。遊客の電覧に備えと志かいう。

大門口　徒《つ》たや十《じゅう》三郎板

跋【現代訳】

（前略）これ則ち俄という物にして、日々いろいろな趣向にして同じ物はない。

昨日の狂言やたわむれは、明日替り易き花にしたので、絵漏らさず図面にしたので、「明日余情」と名付け、初編より二編三篇と追々出版していくので、遊客のすぐに見たいという要望にかなえたい。

考証の栞　俄を主導した見世

プログラムは日々変わっていくと宣言していますから、これが一度に出されたわけではなく、まずは1編、その後、不定期に変わったと想定されます。

どの見世が主導的立場にあったかを見ると、単独で演目を出している松葉屋・扇屋・大文字屋（蔦重の親父グループ）と四ツ目屋だけです。

他は、見世の総力を挙げてというより、芸者が単独か二人ずつという感じです。まあ、付き合いだから、やりましょうという感じですかね。

さらに、『明月余情』」にまったく名前の出てこない見世がありました。江戸一丁目の河内屋、江戸町二丁目の一文字屋・内川屋、角町の松屋、京町一丁目の尾張屋・大三屋・柏屋・大岩屋などは、本当に俄に参加しなかったのでしょうか。

『明月余情』で見る吉原俄の様子

（『明月余情』二編 1ページ表紙、『明月余情』二編 2ページ）

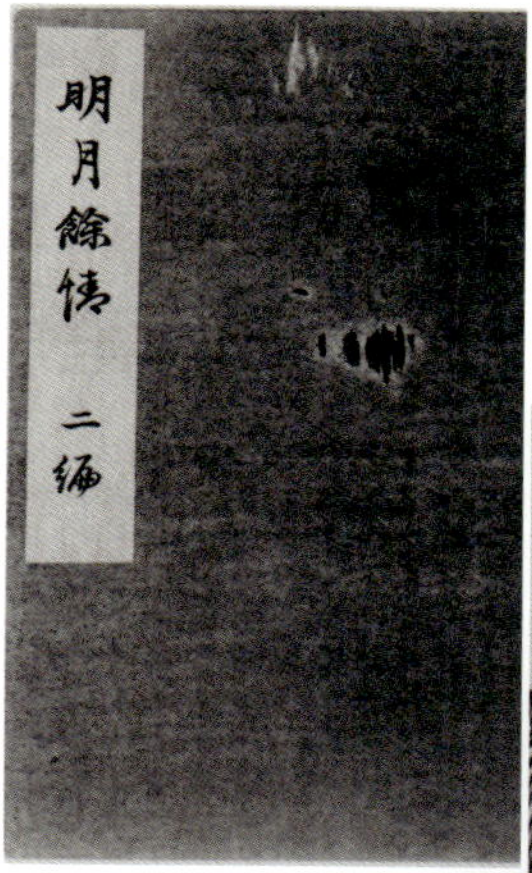

万燈がびいどろ（ガラス玉）でできていたようだ。

『明月余情』で見る吉原俄の様子

（『明月余情』二編 3ページ、『明月余情』二編 4ページ）

女芸者の獅子舞

女芸者
きゃんの身振りが
大でき大でき

松葉屋の助六と白酒売り

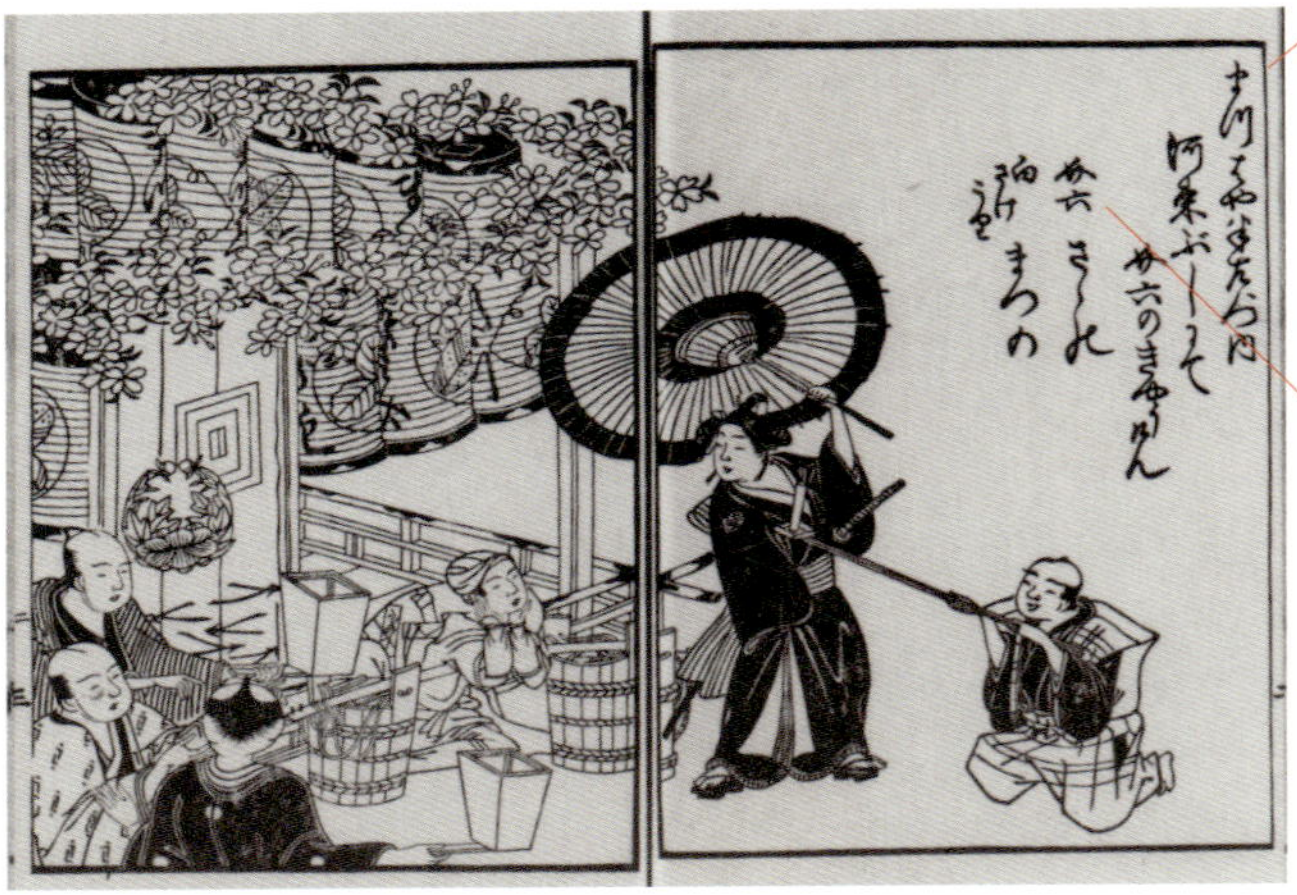
まつはや半左衛門内
河東節にて助六のきゅうにん
助六さくの
白酒売りまつの

歌舞伎の助六を禿が演じている。

『明月余情』で見る吉原俄の様子

（『明月余情』二編 5ページ、『明月余情』二編 6ページ）

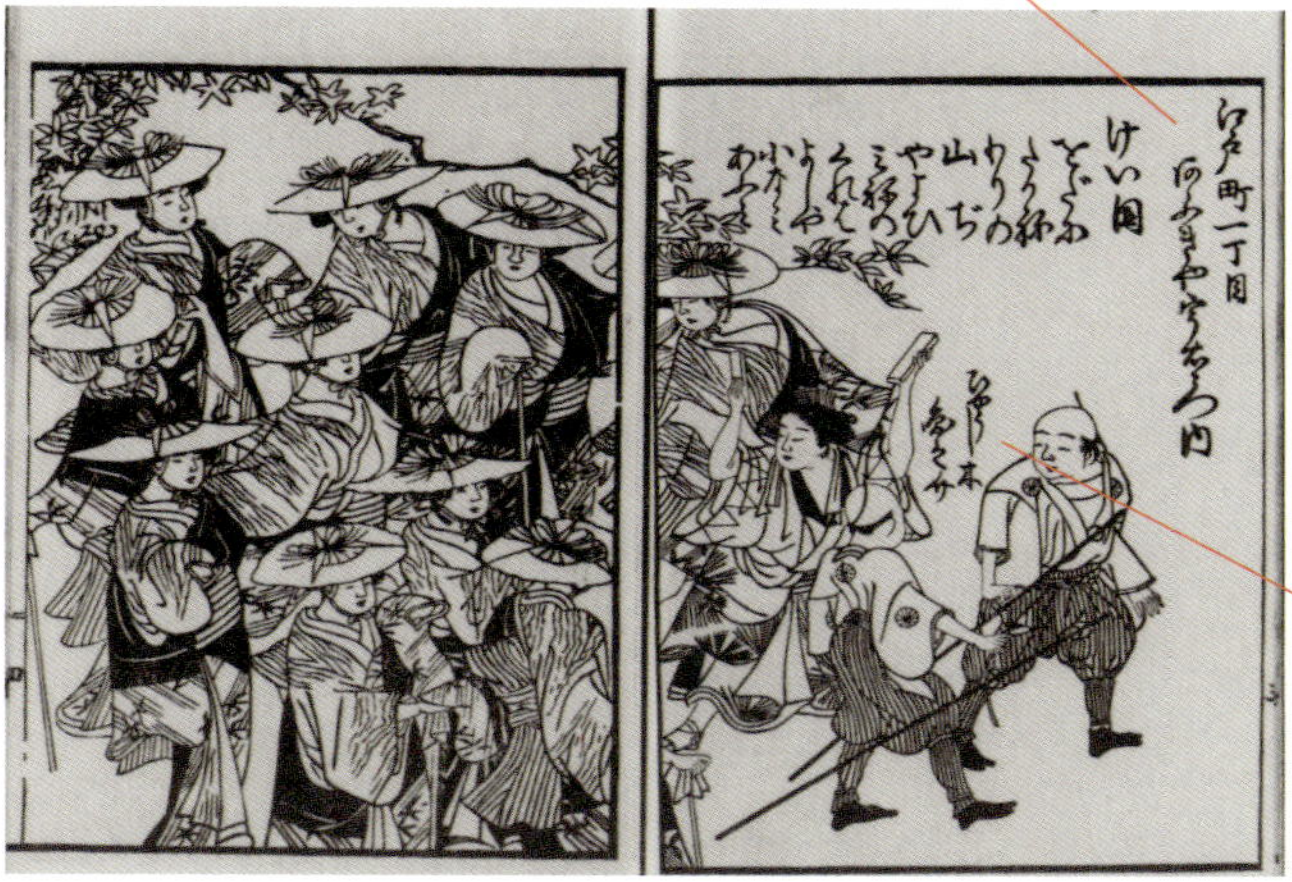

十一月の顔見世恒例　江戸町一丁目扇屋の竹馬

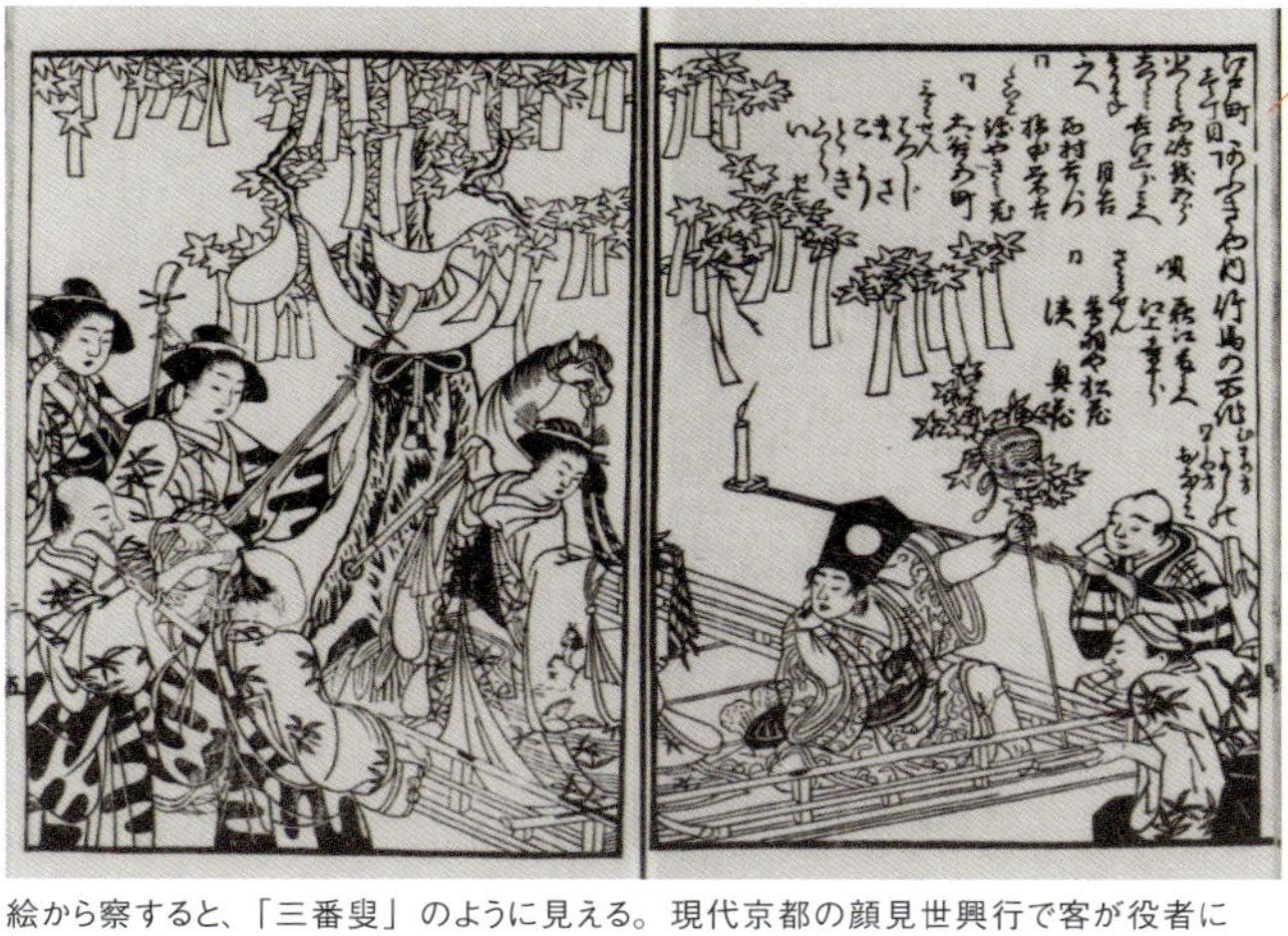

絵から察すると、「三番叟」のように見える。現代京都の顔見世興行で客が役者に「竹馬」を贈るという恒例がある。

『明月余情』で見る吉原俄の様子

（『明月余情』二編 7ページ、『明月余情』二編 8ページ）

大文字屋市兵衛の座頭踊り

京町一丁目大文字屋市兵衛
座頭踊り
おかしみ
大でき大でき

大文字屋市兵衛は頭が大きく「かぼちゃ」というあだ名があった。本人もそれを自慢していた。

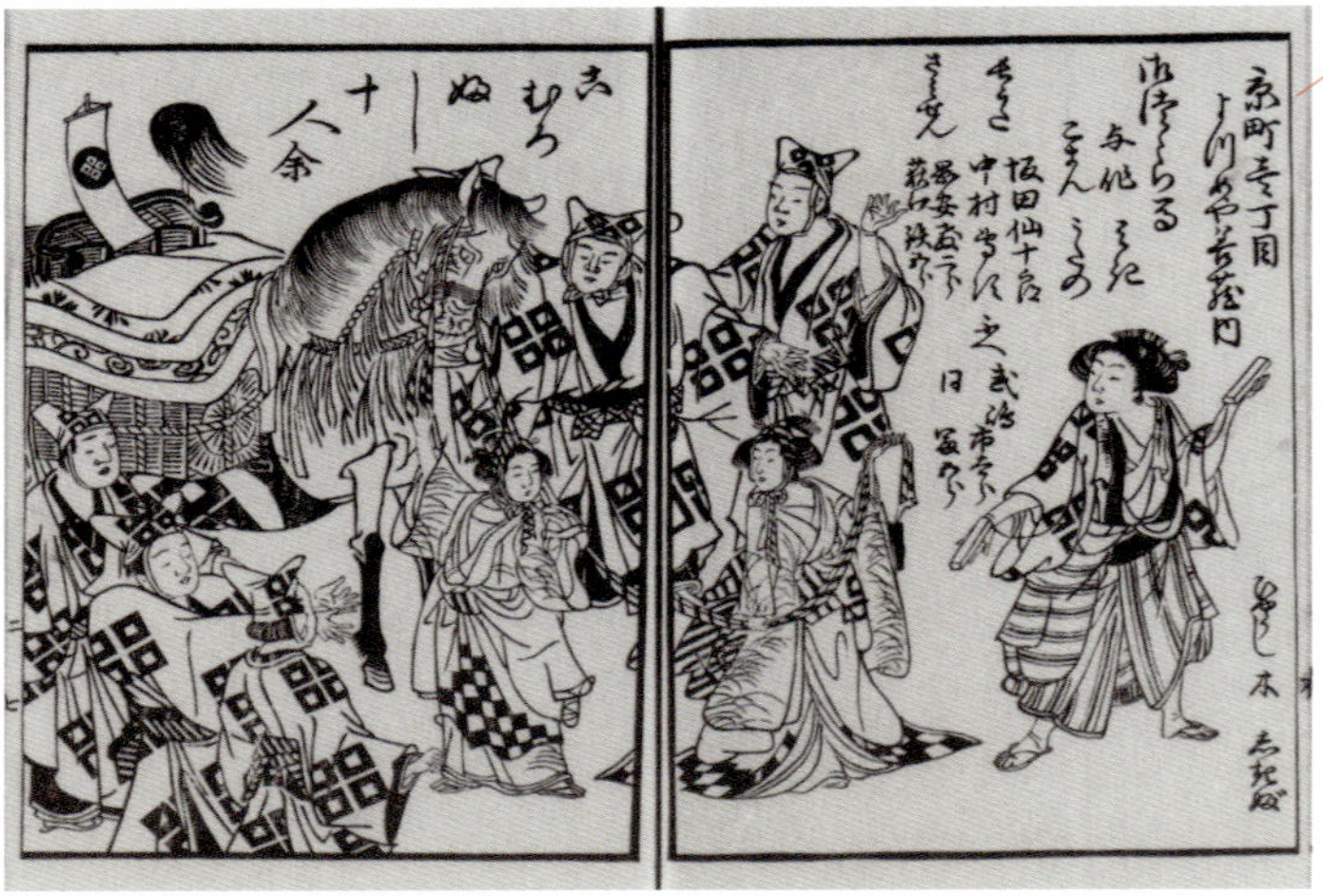

京町一丁目
よつめや（四つ目屋）善蔵の
御つつら馬

●『明月余情』で見る吉原俄の様子

（『明月余情』二編 9ページ、『明月余情』三編 3ページ、『明月余情』三編 4ページ）

中の町若者の龍神ばやし

中の町若者の
龍神ばやし
亀はびろうど
布が綺麗にて
美しき仕立み

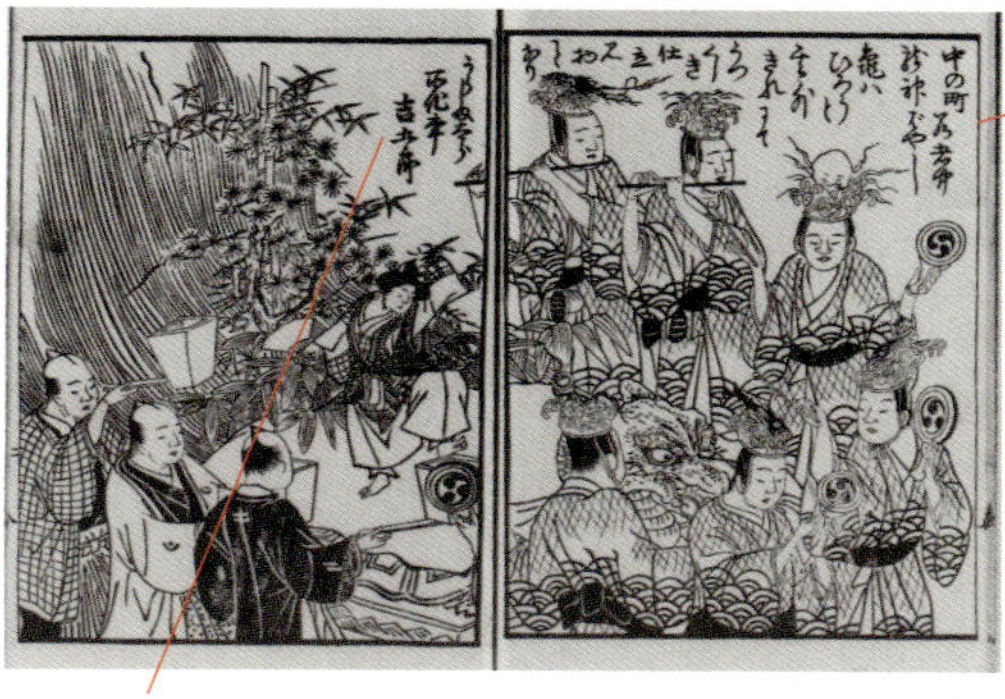

浦島太郎に
所化
吉五郎

まるや（丸屋）
まんじや（万字屋）
山口や（山口屋）

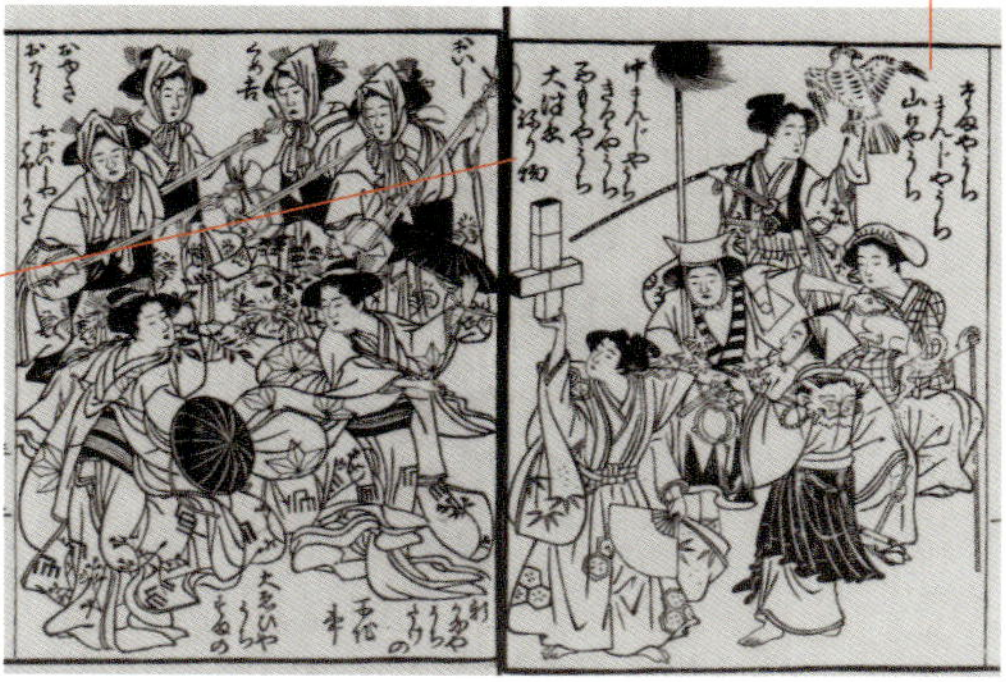

中まんじや（中万字屋）
きりや（桐屋）
西もとや（西本屋）
おおつえ（大津絵）練り物

京町一丁目官女揃

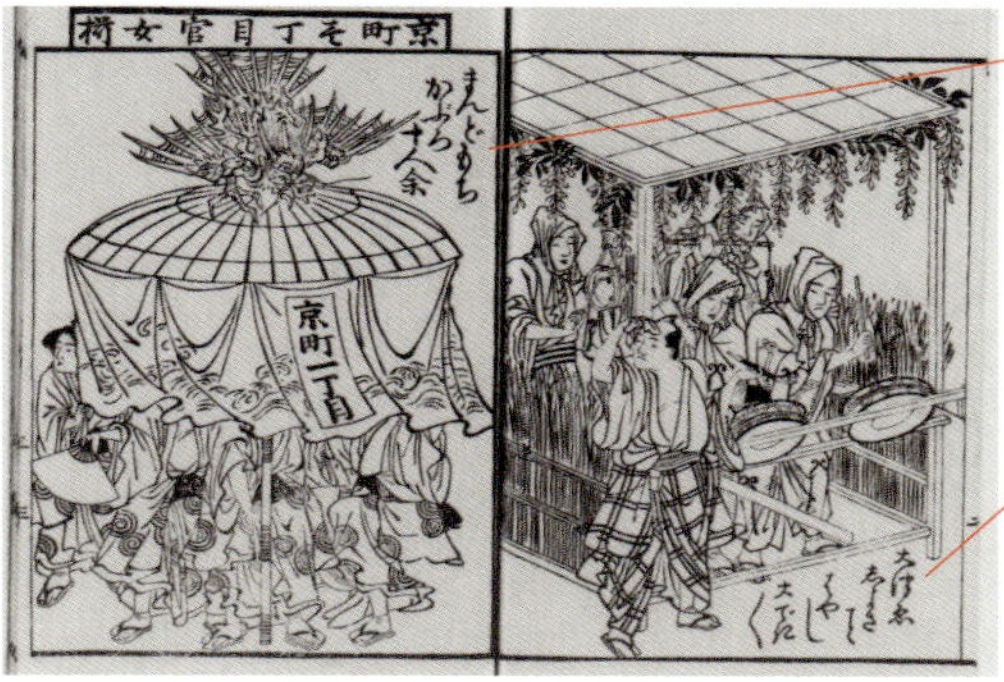

万燈持ち禿
十人余

大津絵志よさけ
囃子大でき大でき

「大津絵」に材をとった練物

『明月余情』で見る吉原俄の様子

（『明月余情』三編 5ページ、『明月余情』三編 6ページ）

つるや（鶴屋）
岡本屋
がくたわらや（額俵屋）
丸えび屋
若まつや（若松屋）

平安貴族の官女を真似たものか。

京町二丁目の角兵衛獅子揃

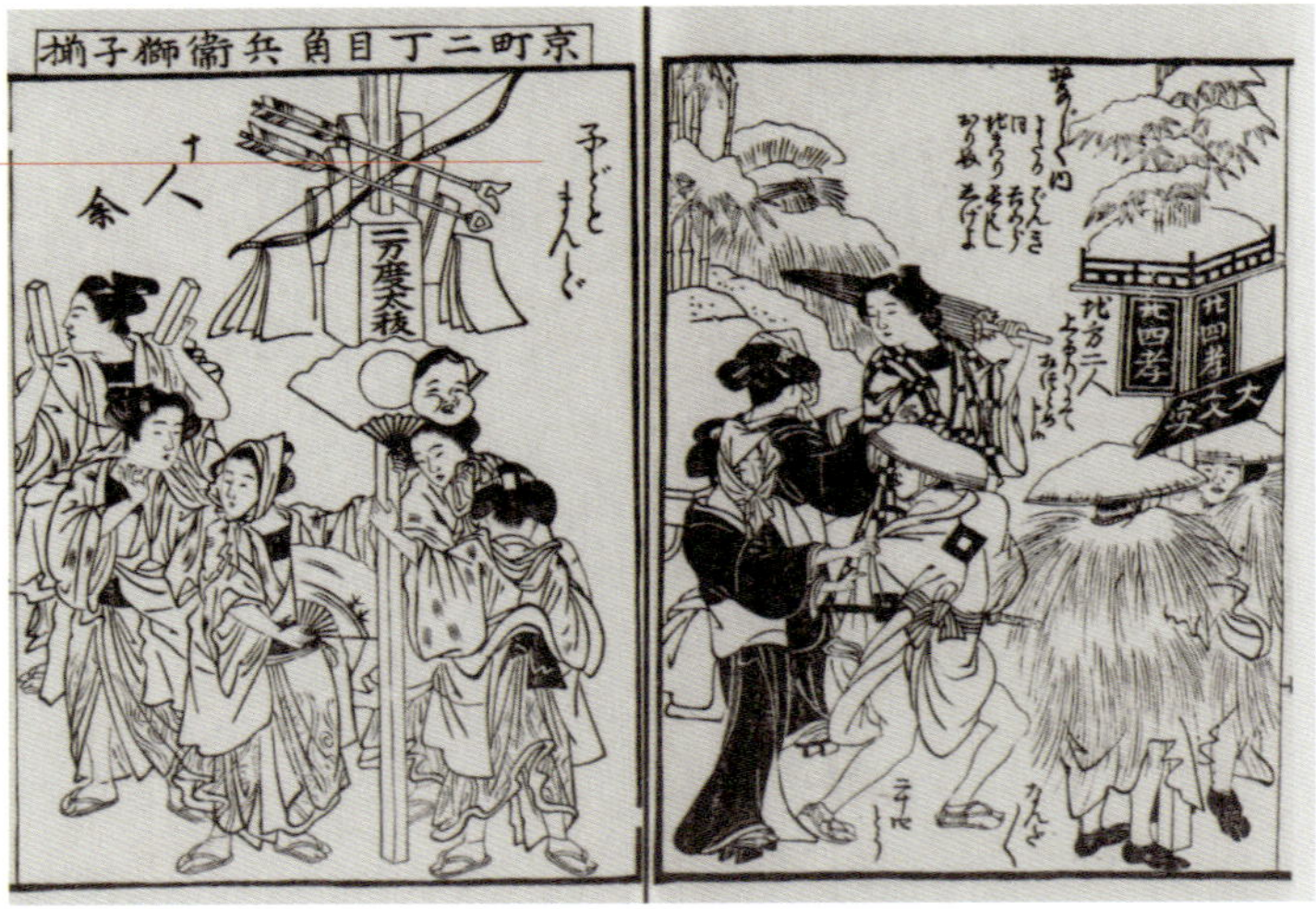

仙台伊達家の家紋は、「竹に雀」なので、「廿四孝」に出てくる孟宗が親孝行のために冬の竹藪で筍を掘り当てるという逸話を引っ張りだして、女郎の親孝行と、仙台伊達家を連想させたかかな?

●『明月余情』で見る吉原俄の様子

（『明月余情』三編 10ページ、『明月余情』三編 11ページ）

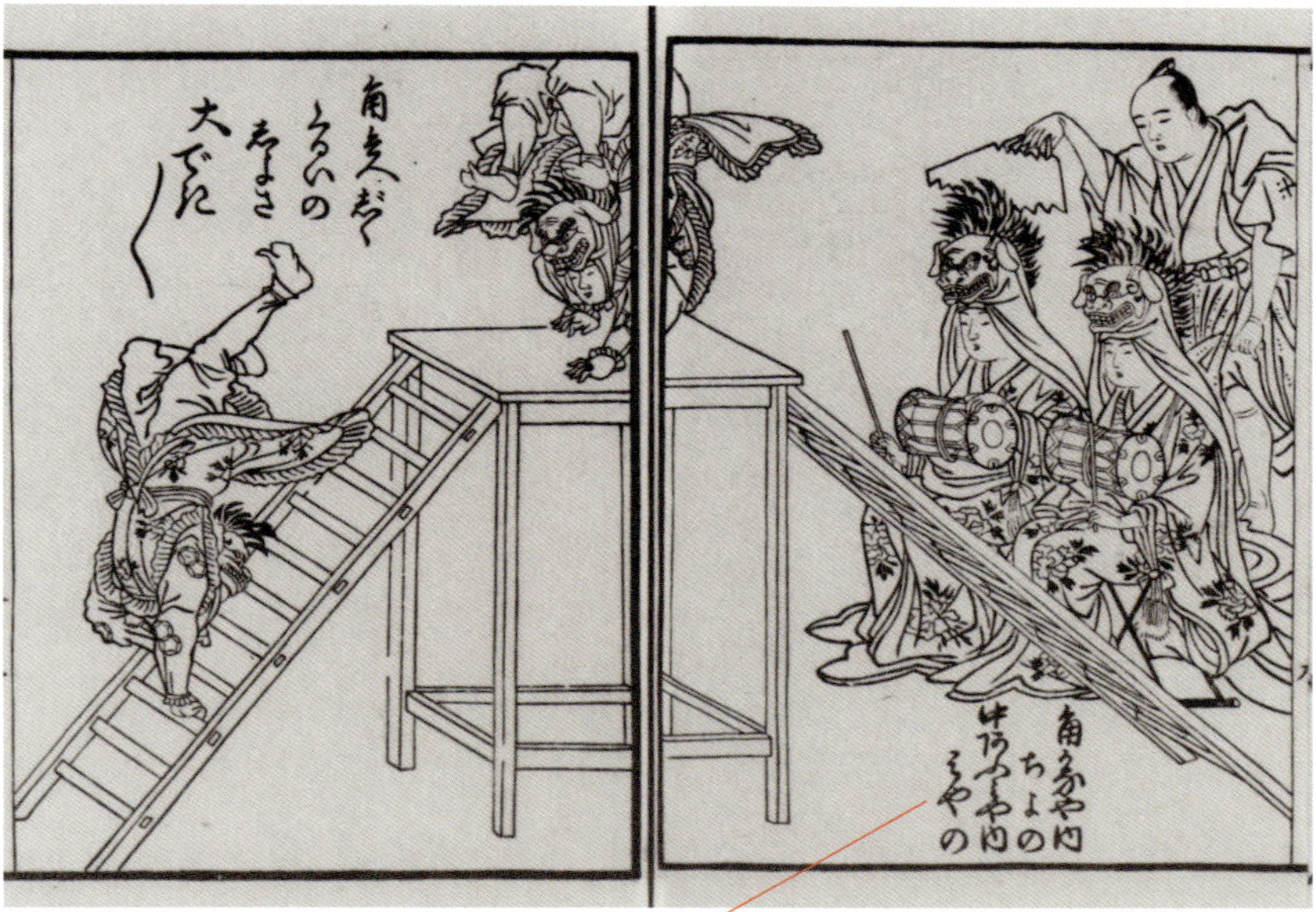

獅子舞。子どもが獅子の姿で曲芸するのは越後獅子か。

角かな屋
中あぶみ屋

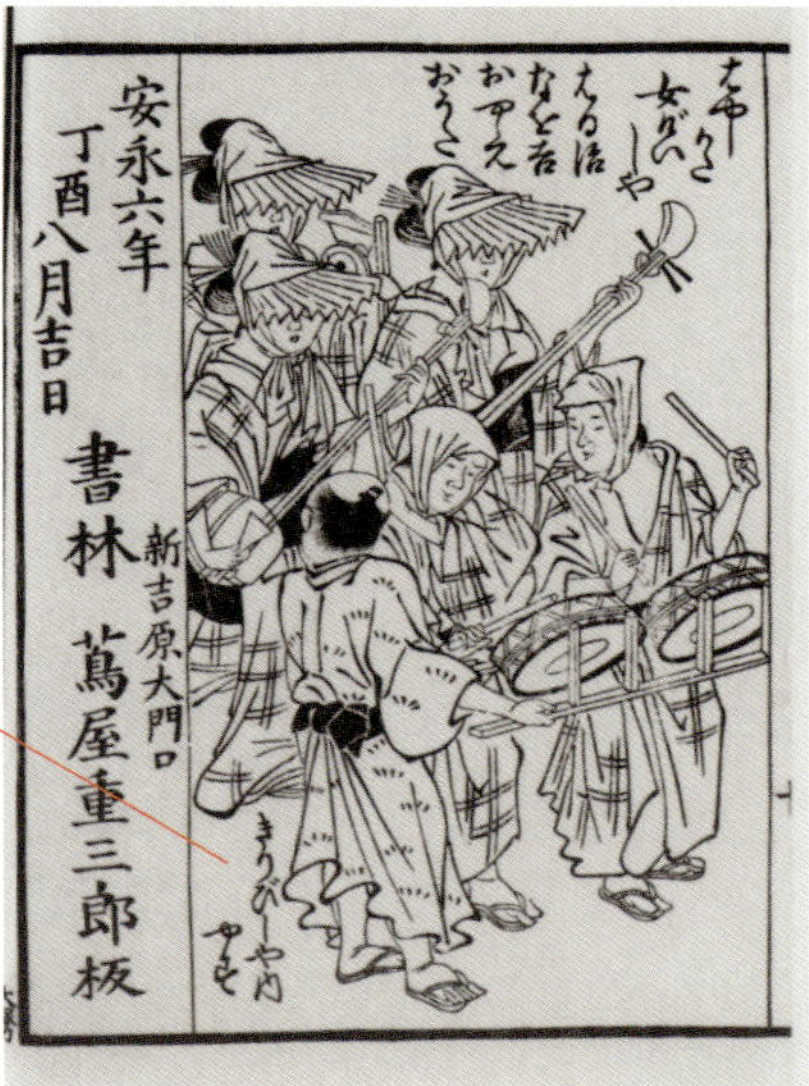

桐菱屋

8月中に三編出版したようなのでかなり急いだ作業だったろう。

大文字屋内すずめおどり

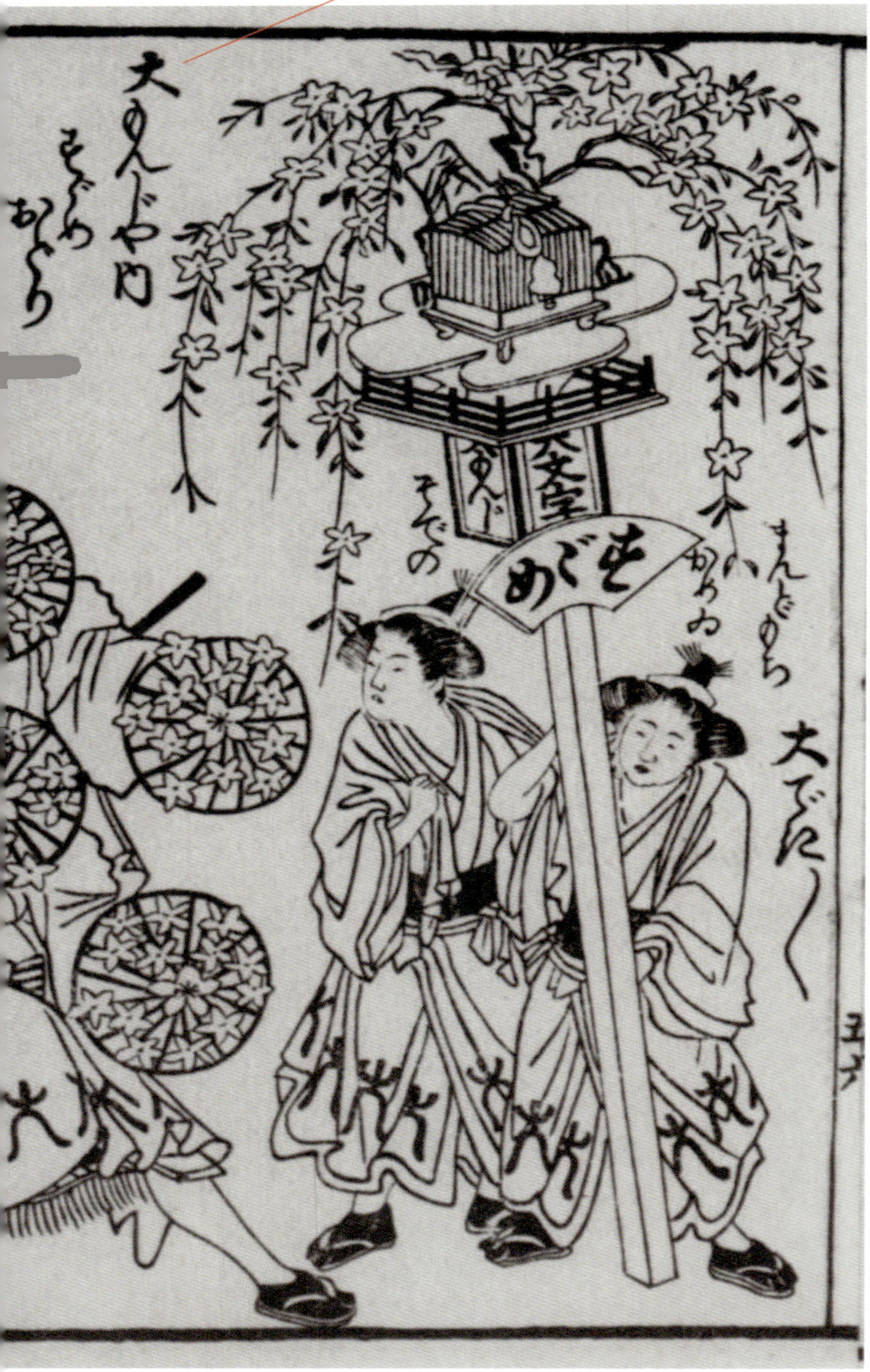

「奴おどり」として、京・大坂にあったものが、江戸をはじめ全国に広がって、仙台でも流行り、現在、宮城県仙台市で「仙台すずめおどり」として復活している。大河ドラマ『べらぼう』では俄のクライマックスシーンになった。

●『明月余情』で見る吉原俄の様子

（『明月余情』三編 7ページ）

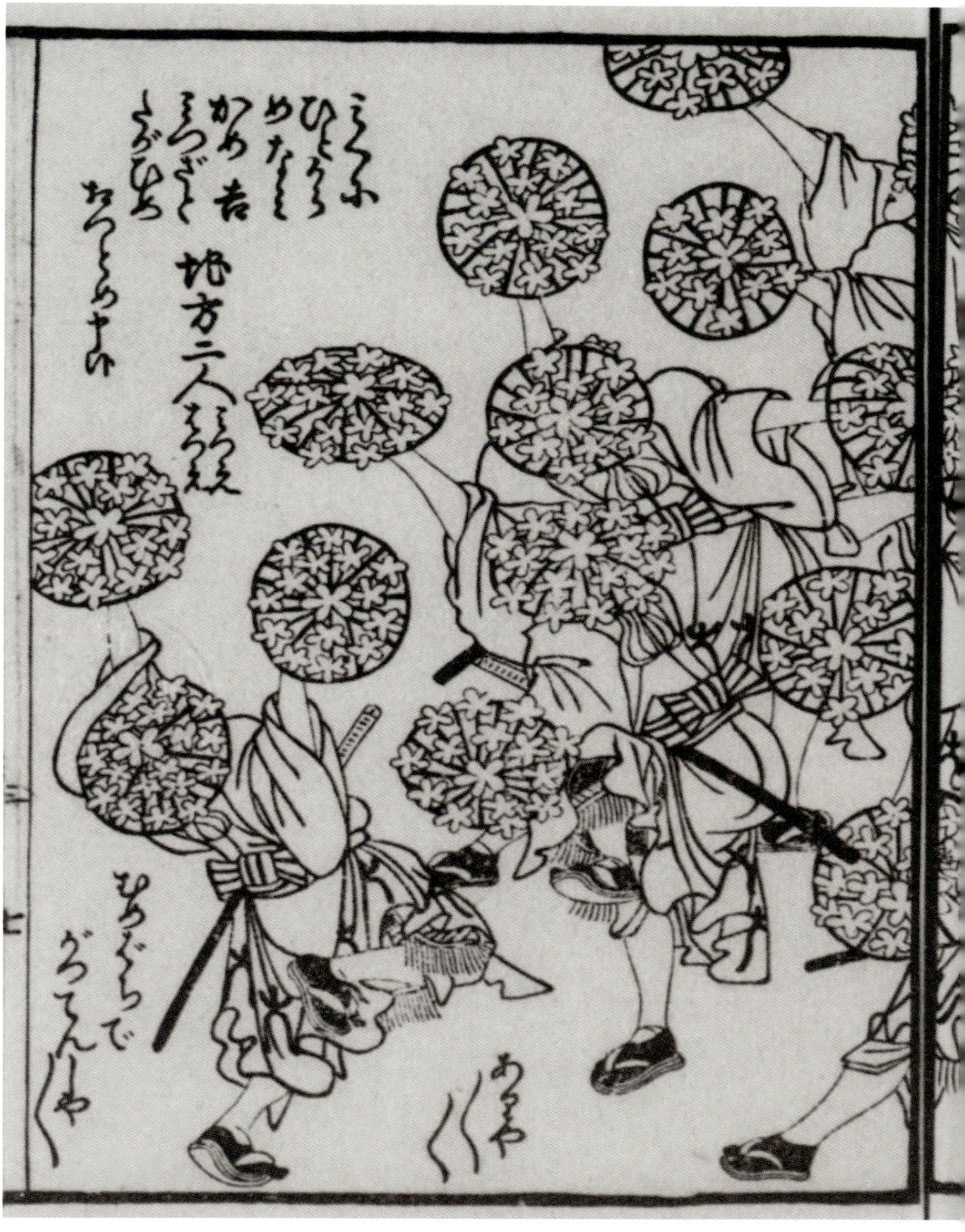

四 師走から正月の吉原

◆ **12月13日**

吉原が正月の準備を始めるのは、12月の中旬の煤払《すすばら》いからです。一般的には13日が多いですが、見世によってそれぞれでした。

◆ **12月17日、18日**

浅草寺の歳の市が17日、18日にあるので、正月用の買い物ついでに、近くにある吉原に来る客が多く、吉原は賑わいました。

◆ **20日頃**

餅つきをやります。縁起ものなので、鏡餅は大きいし、女郎屋は人数が多いので、搗《つ》く量も多く、女郎や禿も丸めるのを手伝いましたが、楽しい行事だったことでしょう。

吉原細見の紋日を知らせる「年中月次もん日」には「大かたは十二月廿日頃より見世を引くなり」と注意書きがあります。江戸の商人にとって、歳末は一年で一番忙しい時期なので、さすがに吉原に遊びに来る客は少ないのでしょう。それならば、自主休業にして、正月の準備や体力を温存しようということでしょうか。

25日より

吉原の松飾りは、店ごとに優劣がないように、町全体で同じものを揃えました。ただ、立てる場所が仲の町と女郎屋街では違いました。仲の町の通りに面した引手茶屋では門口の両脇に、道に向いて立てました。これが一般的な立て方です。それが江戸町や京町などでは、道の中央に置き、正面を見世の門口に向けました。こうすれば、道の両側に通り道ができるので、り

『青楼年中行事』「餅つきの図」喜多川歌麿画

見世見物の人通りの邪魔にならないからです。そのため両側の見世の門松が背中合わせになるので、これを「背中合せの松飾」と呼びました。

◆大晦日

吉原では年越し大晦日に獅子舞は来ないが、代わりに狐の面をかぶり、幣と鈴を振り、笛太鼓の囃子で踊る狐舞が来ます。

この狐に抱きつかれると、その年妊娠するというので、女郎たちが逃げ回って大騒ぎになります。しかし、祝儀が撒かれると、それを拾って退散しました。

「背中合せの松飾」『風俗画報』
明治24年2月10日 25号 東陽堂刊

元旦は女郎にとって7月13日とともに年に2日しかない休みの日です。とはいっても行事はかなりあります。暁七ツ（午前4時）から風呂の湯を焚いて、順番に入ると、化粧をして新しい衣装を着、一階の座敷に並んで主人に新年の挨拶をします。その後、屠蘇・雑煮・正月料理を食べますが、いつもは自室で食事をする花魁も正月だけは、皆そろって祝膳を囲むのです。

1月2日

2日は年礼廻りの日で、芸者は暁七ツ（午前4時）から日頃座敷に呼んでもらう仲の町の引手茶屋に行き、そこの表通りに面した座敷で、弾き始めとして浄瑠璃や長唄など得意な楽曲を演奏します。するとその茶屋より雑煮が出されます。これを頂いて、また次の茶屋に向かいますから、夜明け前から吉原じゅうが賑やかです。

花魁も新調した衣装を着て道中と同じ格式で、禿や新造たちを引き連れて引手茶屋へ年始の挨拶廻りに行きます。それぞれが同じ頃に廻るので、仲の町は花魁道中の花が咲きます。

そして、客にとっても「初買い」の日です。

もちろん紋日になりますし、正月の祝儀もいりますから、かなりの出費です。しかし、こんな日に行くからこそ女郎にもてるのですが、自分の店の年始廻りもあるでしょうから、大丈夫でしょうか。

『青楼年中行事』「仲の町年礼之図」喜多川歌麿画（享和4年）

吉原噺

付章

江戸での出来事

蔦屋重三郎年譜と吉原事件簿

ちょっと御断り申上げます。当年は作者払底につき、自作至って拙き一作の草紙御覧に入れます。相変はらず御求め御覧下されませう。そのための口上めでたし、めでたしと大まじめサ

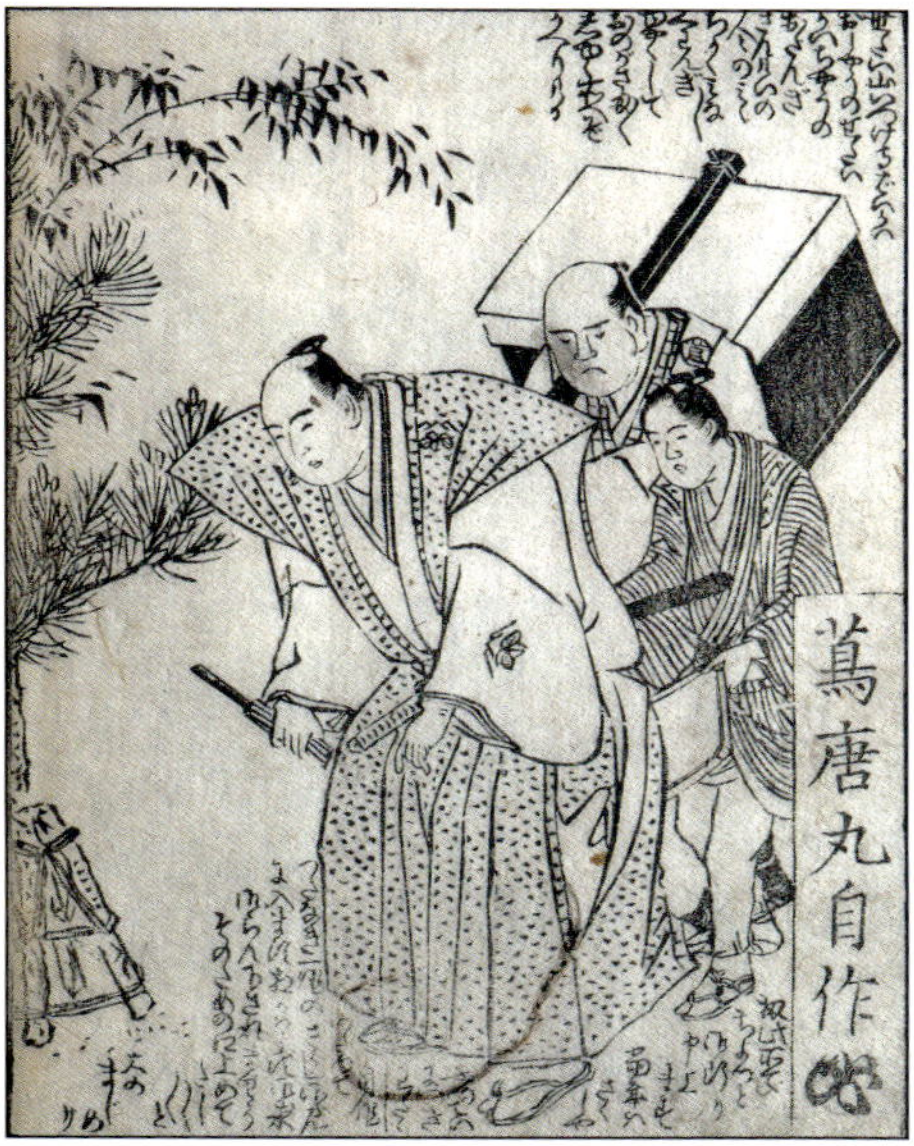

蔦重の最晩年の姿　寛政9年

蔦屋重三郎は寛延3（1750）年から、寛政9（1797）年までの50年弱の生涯でした。蔦重が活躍した江戸時代中期は、社会が安定し、さまざまな産業が発達した時代。人々の暮らしが豊かになり、娯楽性の高い「町人文化」が花開きました。そんな時期に蔦重は「版元」として、「浮世絵」の黄金期を築くことに。「葛飾北斎」「喜多川歌麿」「山東京伝」を見出し、そして謎の浮世絵師「東洲斎写楽」を世に送り出しました。ここでは蔦屋重三郎の生涯と江戸の世の中の出来事、さらには吉原内で起こった事件やイベントなどを年表としてまとめました。

蔦屋重三郎年譜&吉原事件簿

年号	蔦屋重三郎	吉原事件簿	江戸全体での出来事
慶長17年（一六一二）		遊女町設営の願書提出	
元和3年（一六一七）		吉原営業許可	
元和4年（一六一八）		吉原営業開始	
明暦2年（一六五六）		町奉行より移転の事伝達	
明暦3年（一六五七）		江戸大火。吉原全焼 新吉原へ移転	
延享2年（一七四五）			9月、吉宗退任、西の丸に移る 11月、徳川家重、第9代将軍宣下
延享3年（一七四六）			2月、江戸大火。築地より出火し、中村座・市村座を焼き、浅草へ飛び火
延享4年（一七四七）			10月、宮古路文字太夫が常磐津と改名し、中村座に出演（常磐津節を興す）
寛延元年（一七四八）			寺社奉行大岡忠相、奏者番兼任、1万石大名に列せられる
寛延2年（一七四九）			初代富本豊前掾が受領 5月、幕府、定免制の全面施行を布達
寛延3年（一七五〇）	吉原に生まれる（父：丸山重助／母：広瀬津与）		11月、農民の苗字帯刀禁止を再令
宝暦元年（一七五一）			6月、吉宗死去 10月、田沼意次が御用取次となる
宝暦3年（一七五三）		正月、吉原の要請で深川を怪動し、娼婦115人を吉原へ引き渡す 4月まで麻疹が大流行し、遊女の死亡幾千	長崎奉行所に目安箱を設置 島津藩に木曽川の改修工事を命ず

		歌を流行らせる 江戸町五丁目大上総屋が豪華な普請をする他の見世も真似る。比べて、最後の揚屋尾張屋の建物の老朽化が目立つ。「三代瀬川、柏屋の立花が身請けされて吉原が寂しくなった」	
宝暦5年（一七五五）			この年、大凶作により諸国で大飢饉
宝暦6年（一七五六）			若年寄大岡忠光を側用人に任命
宝暦7年（一七五七）	7歳のときに両親が離別 喜多川氏の経営する商家・蔦屋の養子となる	中の町付近に肴市場立つ	田村藍水、湯島で初めての物産展「薬品会」を開催
宝暦8年（一七五八）		大見世三浦屋廃業 江戸町一丁目左角玉屋休業して巴屋に間借り	7月、美濃郡上一揆の裁判始まる（藩主は領地没収） 家重が清水家を創設
宝暦9年（一七五九）			4月、大奥女中に衣服倹素令を出す 8月、源内、3回目の物産会を開催
宝暦10年（一七六〇）		『細見』から大夫・格子がなくなる。最後の大夫は江戸町一丁目玉屋花紫。代わりに散茶女郎が分離格上げされ呼出・昼三・付回に。最後の揚屋尾張屋が廃業して、代わりに引手茶屋	神田出火、日本橋焼失 5月、将軍家重、引退。幕府、諸大名に囲籾を命じる 9月、徳川家治、10代将軍宣下
宝暦11年（一七六一）			6月、徳川家重、没（51）
宝暦12年（一七六二）		専業の女芸者が出る	意次、1万5000石に加増 源内、物産会（第5回東都薬品会）開催 5月、家重の次男清水重好に10万石を与える（※御三卿の成立）。10月、家基、誕生
宝暦13年（一七六三）		幕府、板橋と千住を遊里として黙認 市中に岡場所約40カ所	田村藍水、幕府に任用され、朝鮮人参の担当に

年号	蔦屋重三郎	吉原事件簿	江戸全体での出来事
明和元年（一七六四）		品川宿５００人の飯盛女を置くことを許可	江戸神田に朝鮮人参座を設置 初代富本豊前掾、没（49）。
明和2年（一七六五）			五匁銀を新鋳発行（定額銀貨となる）鈴木春信により錦絵創始
明和3年（一七六六）		この頃から「花魁」という語が始まる	池上幸豊の甘蔗（サトウキビ）植栽法上申により、稲毛・川崎・神奈川の幕領に甘蔗の栽培を命じる。
明和4年（一七六七）		吉原俄の初期が始まる	7月、田沼意次、側用人となる
明和5年（一七六八）		月５日暁八、江戸町二丁目四ツ目屋喜太郎方より出火。吉原全焼。仮宅１００日再建後堺町廃止。九郎助稲荷は無事	※この年、国産砂糖の普及
明和6年（一七六九）			8月、田沼意次、老中格へと昇進
明和7年（一七七〇）			鈴木春信、死去（46） 午之助が「富本豊志太夫」として劇場出演
明和8年（一七七一）		４月23日暁七、揚屋町河岸の娼家梅屋伊兵衛より出火。吉原全焼。九郎助稲荷は無事。仮宅	杉田玄白ら、『ターヘルアナとミア』の翻訳開始 5月、五年間の倹約令を発令
安永元年（一七七二）23歳		享保5年に廃宿されていた新宿が再開し、旅籠52軒飯盛売女１５０人が許される 2月29日、目黒行人阪の火事で吉原全焼。一説に市中の岡場所60カ所余	1月、田沼意次が老中に昇進 2月、目黒行人坂大火 9月、南鐐二朱銀の鋳造が始まる
安永2年（一七七三）24歳	吉原五十間道の引手茶屋、蔦屋次郎兵衛（義兄）の軒先で本屋「耕書堂」を開業		4月、大原騒動（飛騨） 6月、各地で19万人の死者を出した疫病が江戸でも流行

25歳	改・卸し(源内が序文) 鱗形屋版吉原細見『細見百夜章』の改・卸し 蔦重最初の出版物『一目千本』刊行 ※蔦重、版元となる	興を禁止	刊行 9月、諸大名に対し1万石につき千俵の囲米を命じる この年、投扇興が流行
安永4年(一七七五) 26歳	鱗形屋版吉原細見『細見花の源』の改・卸し 『急戯花之名寄』を刊行 最初の蔦重版吉原細見『籬の花』刊行(それまでの小本から中本になり、丁数も約半分)	松葉屋の5代瀬川が鳥山検校に身請け 7月8日、柳沢米翁が五十間茶屋の白玉屋で出前「つるべそば」を食べる	恋川春町『金々先生栄花夢』刊行 7月、ツンベルクがオランダ商館医として出島に着任する 9月、加賀千代女、没(73)
安永5年(一七七六) 27歳	豪華絵本『青楼美人合姿鏡』を刊行、書物問屋の流通にのせる。※この年の春より、蔦屋版と鱗形屋版の2種類の吉原細見が並ぶ 大判錦絵シリーズ『雛形若菜初模様』をこの頃から刊行か(安永4・5年頃から天明期初期まで)。※初期のものに「耕書堂」印があるが、以降は西村屋与八単独。これ以後、錦絵の出版は天明期まで無し	菓子屋の「竹村伊勢」が細見に載る	4月、10代将軍家治、日光社参 上田秋成『雨月物語』刊行 池大雅、没(54) 11月、三味線・按摩などを生業とする盲人を検校支配に置くことを通達 源内、エレキテル完成
安永6年(一七七七) 28歳	華道書『手ごとの清水』刊行。喜三二が序跋を書き、これが蔦重との最初の仕事となる 『娼妃地理記』刊行(これ以後、翌安永7年より喜三二は蔦重版細見の序文の常連筆者に) ※蔦重、喜三二の力添えで戯作出版に乗り出していく。富本正本の出版スタート		午之助が2代目「富本豊前太夫」襲名 9月、札差株仲間の不正利殖を一斉に取り締まる この年、鱗形屋『早引節用集』重版の罪で処罰
安永7年(一七七八)	蔦屋次郎兵衛の4軒隣で独立する	鳥山検校らの検挙	4代目市川團十郎、没(68)

年号	蔦屋重三郎	吉原事件簿	江戸全体での出来事
29歳	※富本正本を積極的に出版していく	水道尻に火の見櫓ができる	煎海鼠(イリコ)・干鮑など輸出品奨励 6月、ロシア船が蝦夷地の厚岸に来航し、通商を求める 7月、江戸の無宿人60人、佐渡送りになる 10月、盲人・浪人らによる高利貸しを禁じる
安永8年(一七七九) 30歳	吉原細見『扇の的』刊行。※巻末の広告に、富本豊前太夫と斎宮太夫直伝の稽古本を出版する旨の板元口上あり。この年より富本節稽古本の出版を始める	吉原に芸者見番ができて、芸者の営業が管理される男芸者40、女芸者50	2月、家基が急死(18) 7月、老中松平武元、没(67) 8月、松前藩、ロシアの通商要求を拒否 10月、桜島、大噴火 11月、平賀源内死去
安永9年(一七八〇) 31歳	黄表紙出版を開始。この年に確認できる黄表紙は10点。※『伊達模様見立蓬莱』の巻末に蔦重自身が幕引き姿で登場し、大々的な巻末広告を掲載。浄瑠璃『碁太平記白石噺』の7段目に吉原の貸本屋〝本重〟として登場 往来物の出版を開始。『大栄商売往来』『耕作往来千秋楽』が最初の蔦重版往来物(以後、寛政期前半まで毎年のように新版を刊行し続ける)		江戸外記座で浄瑠璃『碁太平記白石噺』が初演 小田野直武、没(32) 8月、大阪に鉄座・真鍮座を新設する この年、谷風梶之助・小野川喜三郎が勧進相撲で活躍
天明元年(一七八一) 32歳	この年、蔦重が刊行した黄表紙6点のうち、4点が喜三二作。 この年、最初の洒落本『東西南北突当富魂短』を刊行。以後、洒落本にも意欲を見せる。『菊寿草』で『見徳一炊夢』が巻頭「極上々吉」にランク付けされ、そのお礼に南[illegible]	9月晦日九、江戸町二丁目家田屋より出火。一町ほど焼ける。全焼ではなかったので、仮宅はなし	閏5月、将軍家治、一橋治済の子豊千代(家斉)を養嗣子とする 7月、老中田沼意次、一万石加増 8月、上野で上州絹一揆が発生

天明2年（一七八二） 33歳	この年の蔦重版黄表紙は6点。（うち喜三二作は2点、喜三二の門人である宇三太作が1点、南陀伽紫蘭作が2点、恋川春町作品が1点） ※恋川春町を作者として取り込む。土山宗次郎のお供で南畝らが吉原大文字屋で開宴。翌朝に南畝と菅江の2人は蔦重宅を訪問し宴をき、午後になり蔦重が呼んだ駕籠で帰宅 南畝長男の髪置祝儀に参加。そこで狂詩集『通詩選笑知』の編を南畝に依頼。暮れに戯作者や彫工などを集め、慰労と謝儀の宴席を開く	6月、松葉屋6代瀬川身請け	春～夏、諸国で大雨洪水発生 9月、印旛沼の開拓に着手 11月、上洲絹一揆の首謀者を処罰 ※天明の大飢饉の始まり。（東北・関東で90万人以上の死者）
天明3年（一七八三） 34歳	この年の正月より、吉原細見は蔦重の独占的出版 自身も「蔦唐丸」という狂名で狂歌界の世界に積極的に参加 9月、日本橋通油町へ進出（丸屋小兵衛店の店舗と版権を買い取る） この年から錦絵出版を開始 ※この年の蔦重の出版物には戯作狂歌壇の中心人物たちが一同に顔を揃えている	この頃から見世に「楼」をつけ始める。遊女屋を「妓楼」と呼ぶは以後。つるべそば廃業	4月、浅間山大噴火 11月、田沼意知、若年寄に就任 12月、7年間の倹約令を発令 ※狂歌大流行
天明4年（一七八四） 35歳	絵本『吉原傾城新美人合自筆鏡』を刊行 四方赤良一派の歳旦狂歌集5点を刊行 絵本『通俗画図勢勇談』を刊行。（鳥山石燕との出版はこの一作のみ） 蔦重、狂歌の「会」に積極的に参加、狂歌集も多数刊行し〝天明狂歌〟のブームを	4月16日、水道尻提灯屋より出火。吉原全焼仮宅。浅草広小路の家宅への見物人	3月、意知、佐野政言に殿中で刺される。意知、没（36）佐野、切腹（28） 飢饉に伴う米の買い占めと百姓の徒党を禁じる 仙台通宝の鋳造を仙台藩に認可 ※この年、諸国で飢饉多発

年号	蔦屋重三郎	吉原事件簿	江戸全体での出来事
	作る立役者に。狂歌関連の摺物製作もこの頃の耕書堂の経営の一翼を担う		
天明5年（一七八五） 36歳	黄表紙『江戸生艶気樺焼』（山東京伝作）が大ヒット主人公艶二郎は「自惚れ」の通称となり、その奇妙な鼻は「京伝鼻」と称された 深川にて蔦唐丸主催の狂歌百物語の会を開催 翌月、平秩東作編にて狂歌集『狂歌百鬼夜狂』を刊行する	8月13日、旗本藤枝外記教行（28）と京町二丁目大菱屋久右衛門の綾衣（19）が千束村の農家で心中 「君と寝ようか　五千石とろか　なんの五千石　君と寝よ」の歌が流行る 12月、見返り柳向いの高札場の修復80両	夏頃、林子平『三国通覧図説』刊 9月、琉球救済ため、米1万石と金1万両を薩摩藩に貸与
天明6年（一七八六） 37歳	狂歌絵本の出版を開始 墨摺の狂歌絵本『絵本八十宇治川』『絵本吾妻抉』『絵本江戸爵』を刊行 彩色摺の狂歌絵本『吾妻曲狂歌文庫』を刊行	7月12日より大雨降り続き、15日千住で大川出水。17日吉原床上浸水。20日に水が引き始める 吉原の遊女数、禿も含めて2270人	2月、手賀沼の開墾を開始 中川淳庵、没（48） 6月、全国御用金令 7月、関東・陸奥で大洪水発生、利根川大氾濫。印旛沼・手賀沼の開墾を中止 8月、将軍家治、没（50） 8月、田沼意次、老中を罷免
天明7年（一七八七） 38歳	『狂歌才蔵集』を刊行 四方赤良一派の歳旦集『千里同風』を刊行（これが赤良が関与した最後の歳旦集） 京伝作の洒落本『総籬』を刊行 精緻な筆遣いで天明期の洒落本を代表する作に仕上がっている	町奉行が吉原以外に1か所公許設置を検討するも吉原の反対で廃案。この頃、「蹴転けころ」という茶屋女が各所にいた。寛政以後無くなる 11月9日明六、角町大黒屋長兵衛方長屋より出火。吉原全焼。仮宅。（八幡前の中州に吉原102軒の内51軒）繁盛する。土山の妾「誰が袖」（24）は押込。元抱え主大文字は無罪	4月、徳川家斉、第11代将軍宣下 5月、大阪で米価高騰で打ちこわし。江戸でも打ちこわし発生（全国に打ちこわし・暴動が広がる） 6月、松平定信、老中首座となる。寛政の改革を主導 鉄座・真鍮座を廃止 田沼意次に追罰、所領を収公
天明8年（一七八八） 9歳	彩色摺狂歌絵本『画本虫撰』を刊行	松葉屋7代瀬川、松前公に500両で身	1月、京都御所・二条城、大火で消失

	がった黄表紙を刊行する 『文武二道万石通』は大きな話題に この年、歌麿の初期の春本代表作『歌まくら』を出版（全12図）		
寛政元年（一七八九）40歳	『潮干のつと』『狂月坊』など歌麿の狂歌絵本を次々に刊行 『鸚鵡返文武二道』（春町作）が大評判になるも、発売自粛に この頃、武者絵本に力を入れる。（この年『歴代武将通鑑』が蔦重から刊行され、北尾重政の武者絵本がシリーズ化されていく）	遊女の身請けの上限500両以下	3月、奢侈禁止令 5月、クナシリ・メナシの戦いが蜂起（7月21日に松前藩が鎮圧） 7月、恋川春町、没（46） 9月、旗本・御家人の救済策、棄捐令を発令 10月、定信が中洲の取り壊しを命じる 松前藩から蝦夷地の交易などについて事情聴取を実施
寛政2年（一七九〇）41歳	洒落本の最高傑作『傾城買四十八手』（京伝作）を刊行 蔦重自作の黄表紙『本樹真猿浮気噺』を出版 11月、地本問屋仲間成立。板木屋一統を地本問屋仲間で統制するという願書を提出	長屋形式の小見世が現れる	2月、人足寄場を設置 5月、朱子学を正学とし、それ以外の学問を禁じた（寛政異学の禁）出版統制令 9月、倹約・文武の奨励を命じる 11月、旧里帰農令を出す
寛政3年（一七九一）42歳	京伝作洒落本『娼妓絹籭』『仕懸文庫』『錦之裏』が処罰※蔦重は絶版の上、身上半減の罰を受ける 同時期、書物問屋仲間（中通組）に加入 秋頃から京伝宅に寄宿していた曲亭馬琴が蔦重の店に番頭として入る（以後2年に渡り、帳面づけなどを担当） この頃から錦絵出版本格化	2月、隠し売女厳禁令 春『吉原楊枝』『仕掛文庫』などの洒落本が咎められ山東京伝手鎖50日	3月、山東京伝の筆禍事件 9月、来航した異国船への警備や手続きなどを諸大名に布達 尾藤二洲を儒官に任用 12月、2回目の旧里帰農令を発し、七分積金を制定

年号	蔦屋重三郎	吉原事件簿	江戸全体での出来事
寛政4年(一七九二) 43歳	10月、母(津与)が亡くなる 寛政の改革の倹約下において、彩色摺りの豪華な絵本の出版は見られなくなる 歌麿を起用して「美人大首絵」という新機軸で起死回生をはかる 『婦人相学十躰』『婦女人相十品』が、この頃から刊行され始めたか		5月、林子平の筆禍事件(『海国兵談』『三国通覧図説』絶版命令) 9月、ロシア使節ラクスマンが根室に来航。蝦夷地松前に目付石川忠房らの派遣を決定 松平定信、安房・上総・下総・伊豆・相模諸国を巡視する 11月、尊号一件 12月、勝川春章、没(67)
寛政5年(一七九三) 44歳	この頃、歌麿の代表作『歌撰恋之部』シリーズを刊行。名古屋の書肆との連携を強化。永楽屋東四郎の出した『つの文字』の江戸売弘めとなる		7月、松平定信、老中と将軍補佐を退任 この年、一枚絵に遊女以外の女の名前を書き入れること禁止
寛政6年(一七九四) 45歳	鱗形屋版の再印本を一挙に5冊出す 5月、写楽の役者絵を一挙に28枚出版(大首絵) 7月~8月頃、写楽「二期」の役者絵を出版(全身像) 秋頃、十返舎一九が蔦重宅に 11月頃、写楽「三期」の役者絵を出す	4月2日四半、江戸町二丁目丁子屋長兵衛方と隣家の境から出火。全焼 仮宅。この仮宅営業から遊女の門外への外出を禁止	1月、大火発生(桜田火事) 寛政元年の倹約令を10年間延長 琉球凶作などを理由に薩摩藩へ金2万両・米1万石を10カ年賦で貸与
寛政7年(一七九五) 46歳	写楽「第四期」を出して終局を迎える。この年から俳諧絵本の出版を手がけ始める 伊勢松坂へ赴き、本居宣長を訪問 6月には宣長の『手まくら』江戸売弘め書肆となる	岡場所50カ所余を取り潰し	名横綱の初代谷風梶之助が風邪で死去 春画や絵本の取締まり(錦絵の豪華版を禁じ、1枚18文までとした)
寛政8年(一七九六) 47歳	夏頃、蔦重は脚気を患い、秋には病状が悪化		8月、イギリス人航海士ブロートン、海図作成のため、室蘭に来航

	武者絵本のシリーズや、『絵本江戸爵』などの板権を大阪の書商に売却		にすることが禁止される
寛政9年(一七九七) 48歳	春細見の序文を記す。自作の黄表紙『身体開帳略縁起』を刊行 5月、脚気により病没(48)	12月13日、内藤新宿火事。多くの女郎屋が消失	金銀貸借などの訴訟のため相対済し令を出す 11月、択捉島にロシア人が上陸 11月、湯島聖堂を「昌平坂学問所」と改称
寛政10年(一七九八)		町芸者50人が売女の咎で捕まる	唄・浄瑠璃・三味線の女師匠に対し、男に稽古をつけることを禁じた 3月、最上徳内・近藤重蔵らに蝦夷地巡見を命じる。(6月出発)
寛政11年(一七九九)			1月、東蝦夷地を幕府の直轄地とする 華美な一枚絵・大小暦が禁止
寛政12年(一八〇〇)		2月22日、竜泉寺町百姓甚右衛門物置から出火。全焼 遊女の身請け代、500両に制限	女性大首絵が禁止 伊能忠敬、蝦夷地測量へ出発 12月、工藤平助、没(67)
享和元年(一八〇一)		遊女の数、禿まで含めて3317人	伊能忠敬に伊豆・相模・武蔵・上総・下総・常陸・陸奥の沿岸測量を命じる 『鎖国論』(志筑忠雄)が完成 諸大名に命じて出羽国の村山一揆を鎮圧 9月、本居宣長、没(72)
享和2年(一八〇二)			1月、十返舎一九『東海道中膝栗毛』初編刊行 7月、東蝦夷地を松前藩から永代上知
享和3年(一八〇三)			7月、延命院事件 10月、前野良沢、没(81)

年号	蔦屋重三郎	吉原事件簿	江戸全体での出来事
文化元年（一八〇四）			5月、喜多川歌麿、『絵本太閤記』の挿絵問題で手鎖50日の刑 ロシア使節レザノフ、長崎に来航して通商を要求 伊能忠敬を幕府天文方手付とする 11月、7年間の倹約を命じる
文化2年（一八〇五）			目付・遠山景晋、長崎でレザノフと会見、通商を拒絶 この年、『熈代勝覧』が完成
文化3年（一八〇六）			3月、江戸三大大火の一つ、文化の大火発生（車町火事・丙寅の大火） 9月、歌麿、没（52）
文化4年（一八〇七）			3月、蝦夷地すべてを直轄地とする 4月、ロシア船が択捉島に襲撃
文化5年（一八〇八）			8月、フェートン号事件
文化6年（一八〇九）			式亭三馬『浮世風呂』刊行 6月、上田秋成、没（76） 間宮林蔵、樺太調査で間宮海峡発見 12月、信濃で紙問屋騒動。楽宮喬子が家慶の正室となる
文化7年（一八一〇）		東河岸九郎助稲荷近くに局見世（長屋）できる。羅生門河岸の始まり	3月、高橋景保『新訂万国全図』を作る
文化8年（一八一一）		式亭三馬、5月6日の記述に「この節、吉原甚だ不景気なり」。総籬8軒、半籬19軒、それ以下189軒	6月、ロシア艦長ゴローニンら8名を捕らえる 8月、入れ墨を禁止 12月、翌年から5年間の倹約を命じる

「吉原事件年表」作成　山田順子

主要参考文献

『江戸吉原叢刊』第六巻　遊女評判記6　安永～慶応　江戸吉原叢刊刊行会編　八木書店
『江戸吉原叢刊』第七巻　吉原細見　宝永～明治　江戸吉原叢刊刊行会編　八木書店
『安永期吉原細見集』花咲一男編　近世風俗研究会刊
『江戸吉原図絵』花咲一男著　三樹書房
『続江戸吉原図絵』花咲一男著
『江戸吉原図聚』三谷一馬著　立風書房
『江戸文藝叢話』向井信夫著　八木書店
『黄表紙洒落本集』水野稔校注『日本古典文学大系59』岩波書店
『江戸町方の制度』石井良助編集　人物往来社
『吉原　公儀と悪所』石井良助著　明石書店
『江戸の色里　遊女と廓の図誌』小野武雄編　展望社
『新吉原史考』東京都台東区役所編集兼発行
『江戸吉原の経済学』日比谷孟俊著　笠間書院
『三田村鳶魚全集』第十九巻　三田村鳶魚著　中央公論社
『宮武外骨著作集』「アリンス國辞修彙」宮武外骨著　河出書房新社
『遊里語の研究』真下三郎著　東京堂出版
「江戸深川遊里志」佐藤要人著　大平書屋
『蔦屋重三郎』鈴木俊幸著　平凡社
『大吉原展』図録　東京藝術大学美術館

装丁　松山絢菜
本文デザイン　若松隆
地図・図版制作　村松明夫
協力　小谷高義、木口志帆

【カバー 表1絵】『青楼美人合姿鏡』北尾重政画、勝川春章画
松葉屋 瀬川（右）松島（左）

【表紙・表4絵】 東都名所 新吉原五丁目町弥生花盛全図 歌川広重画

【帯・表1絵】『青楼美人合姿鏡』北尾重政画、勝川春章画
松葉屋 歌町（右）松乃井（左）

【著者略歴】

山田順子（やまだ・じゅんこ）

時代考証家。1953年広島県生まれ。専修大学文学部人文学科卒業。CMディレクター、放送作家を経て時代考証家となる。1982年から『クイズ面白ゼミナール』（NHK）の歴史クイズの出題・構成を担当。大人気ドラマ『JIN-仁-』『天皇の料理番』『この世界の片隅に』など、江戸時代から昭和まで、幅広い時代の時代考証や所作指導を担当。また、連載漫画、丸亀製麺などのCM、江戸東京博物館のイベントの時代考証など幅広く活躍。自らも歴史情報番組『尾上松也の謎解き歴史ミステリー』などのテレビやラジオに出演、講演会などでも歴史解説を行う。著書は『江戸グルメ誕生』（講談社）、『お江戸八百八町三百六十五日』『海賊がつくった日本史』（ともに実業之日本社）、『絵解き「江戸名所百人美女」江戸美人の粋な暮らし』(淡交社)、『時代考証家のきもの指南』（徳間書店）など多数。2025年大河ドラマ『べらぼう～蔦重栄華乃夢噺～』吉原風俗考証を担当。

吉原《よしわら》噺《ばなし》　蔦屋重三郎《つたやじゅうざぶろう》が生《い》きた世界《せかい》

初版第一刷　2024年12月31日

著　者　山田順子
発行者　小宮英行
発行所　株式会社 徳間書店
〒141-8202　東京都品川区上大崎3-1-1 目黒セントラルスクエア
電話　【編集】03-5403-4350 ／【販売】049-293-5521
振替　00140-0-44392

印刷・製本　中央精版印刷株式会社

ISBN978-4-19-865940-0
乱丁、落丁はお取替えいたします。